布局九略

強者成事法則

亞洲提問式銷售演說權威

林裕峯 老師 強力推薦

你永遠玩不過一個讀通布局九略的人！

無局不可布，無局不能成

九大方略讓你布局致勝

作者・東籬子

在當今競爭激烈的商業環境中，布局和策略的重要性不言而喻。正如本書所強調的，無論是官場還是商場，成功的關鍵在於對局勢的深刻理解與巧妙的布局。作為亞洲提問式銷售的權威，我深知在每一次交易背後，都是一場智慧與勇氣的較量。

本書的作者東籬子，以九大方略為基礎，系統地揭示了布局的精髓。從強者的布局到智者的應變，每一種方略都蘊含著深刻的智慧，這些策略不僅適用於商業，還可以引導我們在生活中做出更明智的選擇。本書恰似一位智慧的導師，將古人的布局智慧一一呈現在我們面前。

秦始皇嬴政，以強布局之策，在戰國紛爭中強勢崛起。他果斷鏟除呂不韋、嫪毐等勢力，盡顯強者風範。我曾在企業管理中強調果斷決策的重要性，嬴政的作為正印證了此點。在企業面臨複雜局面時，領導者必須如嬴政般堅定，以強大的執行力推動企業發展，才能在激烈的市場競爭中立於不敗之地。

曹操的以動布局，讓他在亂世中脫穎而出。曹操廣納賢才，屈身蓄勢，在動蕩中積極尋求突破。這使我聯想到銷售領域，市場瞬息萬變，銷售人員需靈活應變，把握每一個潛在機會，主動出擊，方能如曹操般在競爭中搶佔先機，為自己贏得一席之地。

諸葛亮未出茅廬便知天下三分，其以智布局令人贊嘆。他為劉備規劃的戰略藍圖，體現了高瞻遠矚的智慧。在我們的職業生涯中，也需要像諸葛亮一樣，在面對困境時冷靜分析，用智慧規劃出長遠的發展路徑，一步一個腳印地走向成功。

本書中的智慧，適用於各個領域。我希望讀者能夠通過這本書，領悟到布局的真諦，並在面對挑戰時，能夠靈活運用這些策略，實現個人的突破與成功。讓我們一起踏上這段智慧之旅，掌握布局之道，迎接未來的每一個挑戰。

在瞬息萬變的商業世界中，成功不僅依賴於資源的掌握，更在於對局勢的敏銳洞察和策略的靈活運用。本書正是這樣一本揭示成功秘訣的著作，作者東籬子通過九大方略，深入探討了如何在複雜的環境中運籌帷幄，為我們提供了寶貴的智慧和指導。

我深信每一位商業人士都需要具備布局的能力。無論是在談判、管理還是戰略決策中，布局的技巧都能幫助我們掌控主動權，化解困境，創造機會。這本書不僅提供了理論基礎，更透過歷史案例來生動展示這些策略的實際應用。

　　我強烈推薦大家閱讀本書，讓這本書成為你在商業旅程中的良師益友。掌握這九大方略，助你在未來的挑戰中，穩操勝券，成就卓越。

超越巔峯企管顧問

林裕峯執行長

善布局者得天下

　　人生需要布局，官場、商場都需要布局。所謂布局，也就是以對局勢的期望和判斷為基礎，對行為準則和行動步驟的謀畫。布局的高手需要有洞悉時勢的銳利眼光，抱負遠大的志氣雄心，果敢行動的勇氣膽略，縝思善算的智慧匠心⋯⋯大凡歷史上功名顯赫的政治家、軍事家、謀略家，無不是獨步一時的布局大師。

　　布局之術不可拘泥，要根據時與勢的變化而變化。布局者有成、有敗，在成敗的轉換中我們可以近距離地觀察布局的精微玄妙之處。

　　在歷史上，以布局聞名於世的人很多，概而言之，可分兩大類：

　　第一是帝王之局。帝王身處九五之尊，其布局之術與其他人迥然不同。帝王布局，尤其是守成帝王布局的要點之一，可以一個「防」字概括，以不被「將死」為目的。帝王布局的另一個要點是「御」，以上御下使人為己效命，韓非子所提倡的御人術在這裡派上了用場。這兩

個布局要點用得好的，即使未成雄主，也堪為明君，如始皇帝、康熙即是。

第二是英才雄略之局。拯大廈將傾於既倒，慨然以匡扶天下為己任。這樣的人往往具有雄才大略，具備優秀政治家、謀略家的所有素質。他們出則將，入則相，指點江山、激揚文字，一局既布，天下肅然。如曹操、諸葛亮等。

我們沒有必要把布局方略看得過於玄妙，細心研究古往今來布局大師的成功經歷，你會發現，其實這是有規律可循的。

一是以強布局。作為局面的操縱者純以力量取勝。強者為我所用，強敵征而服之；

二是以動布局。在動局之中無論自己力量強弱，始終把握局勢的主動權。能做到這一點殊為不易，所以能做到者必會脫穎而出；

三是以智布局。在艱危條件下布局你不能要求太高，於閃轉騰挪中能找到立足點已屬大智；

四是以變布局。布局者能以變應變，能使自己的局面立於不敗之地；

五是以穩布局。大穩的局面已然形成，就不要再興風作浪，能識時務的方為俊傑；

　　六是以細布局。能把心沉下來，抓住關鍵問題做全域的文章，這也是一種經天緯地的大本事；

　　七是以順布局。順局之中行順應之道，順局的方略一在明察，一在進退；

　　八是以巧布局。身處夾縫之中空間有限，怎麼辦？巧，也是一項行之有效的布局智慧——如果你具備這樣天資的話；

　　九是以圓布局。通融達變，堅韌不拔而又包容一切，這是以圓布局者的主要特點。

　　掌握這布局九略，無局不可布，無局不能成。布局講究的是智慧、胸懷和氣度，這些對於一般人同樣重要。今天我們領會、學習布局方略，就要盡力從這些方面錘煉自己、提高自己。當你能夠以布局的心態和技巧經營人生和事業時，成功也就離你不遠了。

目錄

第 1 章

勝局

抓住局勢勝負的關鍵

當你位居權力的峰頂，當你自信可以靠力量取勝，當你對操控全局有強烈的渴望，你就可以重拳出擊，以不可阻擋之勢席捲天下。強者為我所用，強敵，征而服之。勝局以王者氣勢為底蘊，以駕馭別人的智慧為手段，以全局一統為依歸。

1-1 當斷不斷，反受其亂

當布局者真正從後臺走到前臺，實施自己的布局理念時，一些代表既得利益的力量會盡其阻撓之能事。而且，這股力量有時候還很強大，弄不好會吞噬你的布局成果──甚至包括你本人。這時候進還是退？答案只有一個：一往無前！因為在強局的棋譜裡，從來就沒有後退這一招。

西元前 238 年，完全接受法家思想的秦王嬴政剛剛走上前臺，所做的第一件事情，就是要將全部權力抓在自己手中，為此他必須摧毀兩個權力集團，一個是以丞相呂不韋為首的官僚集團，一是以嫪毐為首的宮廷集團。

西元前 238 年 4 月，嬴政率領文武官員離開咸陽，前往雍城舉行加冕大典。加冕典禮剛剛舉行完畢，從首都咸陽傳來消息，長信侯嫪毐因為嬴政派人調查其不法

之事，心中恐懼，先發制人，用偽造的秦王御璽和太后璽調發縣卒（地方部隊）以及衛卒（宮廷衛隊）、官騎（騎兵）等準備進攻蘄年宮作亂。

獲知叛亂的消息，嬴政在眾大臣面前顯得異常沉著、冷靜，他面無表情地聽完報告，然後胸有成竹的命令相國昌平君及昌文君調集軍隊，前往咸陽鎮壓。實際上，這是一場嬴政早已料到的叛亂，一切他都已經有所安排。

平叛的戰鬥並不激烈，叛軍不堪一擊，在強大的秦軍面前一觸即潰，被斬首數百人，從這個數字也可以看出叛軍人數不多。另外，從派去鎮壓平叛的將領也可以了解，年輕的嬴政根本就沒有把這場叛亂放在眼裡。這兩個人——昌平君和昌文君，他們既非名將，又無突出的戰績，甚至連名字都沒有在史料上留下。昌平君還有點事跡，宋代裴馬因《史記集解》載：「昌平君，楚之公子，（秦）立以為相。後徙於郢，項燕立為楚王，史失其名。」而「昌文君名亦不知也」。派去兩個默默無聞的人便輕而易舉地將叛亂鎮壓下去，反映出嬴政有別於眾的用兵風格。

叛軍被擊敗，秦王嬴政下令將衛尉竭、內史肆、佐

弋竭、中大夫令齊等 20 人，全部梟首（斬首後將人頭懸掛在高杆上示眾），然後將屍體車裂。同時還「滅其宗」，將其家人滿門抄斬。他們的舍人，最輕的處以鬼薪（為官府砍柴的刑罰），更多的人則被處以遷刑，共有四千多家被奪爵遠徙蜀地的房陵（今湖北房縣）。

對於太后，則不能用殺戮的辦法，畢竟她是嬴政的親生母親。盡管嬴政不接受儒家思想，但提倡孝道並非儒家的「專利」，不過太后確實讓嬴政很難堪，心中難以饒恕，於是嬴政把太后遷出咸陽，令其前往雍城居住。

收拾完嫪毐之後，該來收拾呂不韋了。秦王嬴政十年（西元前 237 年），嬴政下令罷免了呂不韋的相國之職，接著又命令他離開咸陽到食邑地河南去居住。

由於呂不韋執政十幾年，對秦國功勞很大，在各諸侯國中威望很高，所以到河南探望呂不韋的人士眾多，「諸侯賓客使者相望於道」。得知呂不韋周圍的情況後，秦王有些坐立不安了，他怕呂不韋會逃離秦國。那樣的話，憑呂不韋現在的威信，聯絡各國反秦勢力會給秦國帶來危險的。思前想後，既不能派兵前往——出師無名，且易激變；又不便將呂不韋抓回咸陽——抓來也無法處刑，要處刑早就處了，還用等到現在嗎？最後，秦王想

出一個好辦法，他派人給呂不韋送去一封信，信中說：「您對秦國有什麼功勞呢？秦國封給您河南之地，食十萬戶；您與秦國有什麼親緣？卻號稱仲父。帶著你的家人到蜀地去住吧。」看到這封信，呂不韋的心都快碎了。它不僅將其對嬴異人、對秦國的功勞一筆勾銷，而且還暗含殺機。呂不韋知道嬴政的脾氣，他不死，事不寧，遷徙到蜀地也是個受罪的命，乾脆滿足他算了。於是呂不韋飲毒酒自殺，成全了嬴政，時間是秦王嬴政十二年（西元前235年）。

至此，妨礙嬴政治國秉政的兩大集團被澈底消滅。秦王嬴政在親政後兩年的時間內，就為自己的統治掃清了道路，為自己的布局開了一個好頭，並且迅速確立起他個人的威望。盡管手段極其殘暴不仁，但是秦國人、秦國的大臣，尤其是秦國的武將們，看到了秦國統一的曙光，他們需要這樣一個年輕有為、身體健康、處事果斷、臨陣不慌、能夠對敵人無情打擊且對統一戰爭懷有強烈必勝信心的君主來領導他們消滅六國，結束歷經上百年的統一戰爭，使自己的名字跟隨著流芳百世。這一點，秦王嬴政沒有讓他們失望。

1-2 用人之道，不拘一格

用人直接關係到布局的勝敗。強者布局多半是靠人才的力量贏得局勢和優勢，藉以取得天下的。因此，在任何時候都要重用對自己有用的人，是一項非常重要的布局方略。

尉繚，魏國大梁（今河南開封）人，姓失傳，名繚，戰國著名軍事家。他是秦王嬴政十年（西元前 237 年）來到秦國的，此時秦王嬴政已親秉朝綱，國內形勢穩定，秦王正準備全力以赴，開展對東方六國的最後一擊。

當時的情況是，以秦國之力，消滅六國中的任何一個是不成問題的，但是六國要是聯合起來共同對付秦國，情況就難料了。所以擺在秦王面前的棘手問題是，如何能使六國不再「合縱」，讓秦軍以千鈞之勢，迅速制服六國，統一天下，避免過多的糾纏，消耗國力。離間東方

國家，雖然是秦國的傳統做法，而且李斯等人正在從事著這項工作，但是採用什麼方法更為有利，則仍是一個很棘手的問題。消滅六國，統一天下，是歷史上從未有人做過的事情，年輕的秦王嬴政深知這一點，他不想打沒有準備之仗。

另外，當時秦國還有一個非常嚴峻的問題，就是戰將如雲，猛將成群，而真正諳熟軍事理論的軍事家卻沒有。靠誰去指揮這些只善拼殺的戰將呢？如何在戰略上把握全局，制定出整體的進攻計畫呢？這是秦王非常關心的問題。他自己出身於王室，雖工於心計，講求政治謀略，但沒有打過仗，缺乏帶兵的經驗。李斯等文臣也是主意多，實幹少，真要上戰場，真刀真槍地搏殺，一個個就都沒用了。

尉繚一到秦國，就向秦王獻上一計，他說：「以秦國的強大，諸侯好比是郡縣之君，我所擔心的就是諸侯『合縱』，他們聯合起來力量強大，這就是智伯（春秋晉國的權臣，後被韓、趙、魏等幾家大夫攻滅）、夫差（春秋末吳王，後為越王勾踐所殺）、齊王建（戰國齊王，後因燕、趙、魏、秦等聯合破齊而亡）之所以滅亡的原因。希望大王不要愛惜財物，用它們去賄賂各國的權臣，以

擾亂他們的謀略，這樣不過損失三十萬金，而諸侯則可以盡數消滅了。」這一番話正好說到秦王最擔心的問題上，秦王覺得此人非比尋常，正是自己千方百計要尋求的人，於是就對他言聽計從。不僅如此，為了顯示恩寵，秦王還讓尉繚享受與自己一樣的衣服飲食，每次見到他，總是表現得很謙卑。

尉繚不愧為軍事家，不僅能夠把握戰局，制定出奇致勝的戰略方針，而且還能透澈地認識人、分析人。經過與秦王嬴政一段時間的接觸，他便得出了秦王「缺少恩德，心似虎狼；在困境中可以謙卑待人，得志於天下以後就會輕易吞食人」，「假使秦王號令於天下，那麼天下之人都會變成他的奴婢，絕不可與他相處過久」的結論。

這是嬴政自出生以來，第一次被人公開說出他的性格本質，第一次有人這樣評論他，而且切中要害，句句是真。從後來統一天下之後嬴政的所作所為來看，與尉繚所言毫無二致。

尉繚認清了秦王嬴政的本質，便萌生離去之心，不願再輔助秦王，並且說走就走，真的跑了。幸好秦王發現得快，立即將其追回。國家正在用人之際，像尉繚這

樣的軍事家怎麼能讓他走？於是，秦王嬴政發揮他愛才、識才和善於用才的特長，想方設法將尉繚留住，並一下子把他提升到國尉的高位之上，掌管全國的軍隊，全面主持軍事，所以他的名字才被稱為「尉繚」。

現在，心存餘悸的尉繚不好意思再去想另謀他處，只好死心踏地為秦王出謀畫策，為秦的統一戰略做貢獻。

在具體的戰術上，尉繚實踐了當時最先進的方法，如在列陣方面，他提出：士卒「有內向，有外向；有立陣，有坐陣」。這樣的陣法，錯落有致，便於指揮。這一點在今人能見到的秦始皇陵兵馬俑坑中可以得到證明。

當然，作為與嬴政不同的人，尉繚對戰爭的具體行為有他自己的看法，他認為：軍隊不應進攻無過之城，不能殺戮無罪之人。凡是殺害他人父兄，搶奪他人財物，將他人子女掠為奴僕的，都是大盜的行徑。他希望戰爭對社會造成的危害越小越好，甚至提出：軍隊所過之處，農民不離其田業，商賈不離其店鋪，官吏不離其府衙。另外他還希望靠道義、靠民意來取得戰爭的勝利……等等。

這些主張與秦王嬴政的想法顯然是衝突的。所以，在統一戰爭的具體進行過程中，秦王與尉繚不止一次地

發生衝突，在其後的戰役中，秦王不讓尉繚參與，而是親令嚴重受其思想影響的秦軍將領們依照秦國一貫的殘暴手段打擊六國。所以秦軍將領們在統一的過程中個個都留下了「美名」，如王翦、王賁、李信、蒙武、楊端和、內史騰、辛勝等，而身為國尉、執掌全國軍隊的尉繚卻在此時出現空白。

對於尉繚的態度，正顯示出秦王的高明：你不是有奇能嗎？我就千方百計把你留下來；你不是有不同意見嗎？使用你時我就特別注意不讓這些不同的意見對我的整體布局思路帶來不利影響。如此一來，手下所有能人的優勢就匯聚成全局的勝勢。

1-3 要勇於放下強者的架子

> 以強勢布局但不能以強力待人，為大局服務的能力者更應如此。有的人明明有求於人，可是偏要擺出一副拒人於千里之外的架勢，實際上這是高度不自信、擺架子給自己壯威。嬴政不同，只要能讓他的強局繼續布置下去，他隨時準備彎腰低頭。

秦王嬴政二十一年（西元前 226 年），在滅亡韓、趙、魏，逼走燕王，多次打敗楚國軍隊之後，秦王嬴政決定攻取楚國。發兵前夕，秦王嬴政與眾將商議要派多少軍隊入楚作戰。青年將領李信聲稱：用不過 20 萬人。而老將王翦則堅持：非 60 萬人不可。李信曾輕騎追擊燕軍，迫使燕王喜殺死派荊軻入秦行刺的太子丹，一解秦王心頭之恨，頗得秦王賞識。聽了二人的話，秦王嬴政認為王翦年老膽怯，李信年少壯勇，便決定派李信與蒙

武率領 20 萬人攻楚。王翦心中不快，遂藉口有病，告老歸鄉，回到頻陽。

秦王嬴政二十二年（西元前 225 年），李信、蒙武攻入楚地，先勝後敗，「亡七都尉」（《史記‧王翦列傳》），損失慘重。楚軍隨後追擊，直逼秦境，威脅秦國。秦王嬴政聞訊大怒，但也無計可施，此時他才相信王翦的話是符合實際的。但王翦已不在朝中，於是秦王嬴政親往頻陽，請求王翦重新「出山」。他對王翦道歉說：「寡人未能聽從老將軍的話，錯用李信，果然使秦軍受辱。現在聽說楚兵一天天向西逼近，將軍雖然有病，難道願意丟棄寡人而不顧嗎？」言辭懇切，出於帝王之口，實屬不易。但是王翦依然氣憤不平，說：「老臣體弱多病，腦筋糊塗，希望大王另外挑選一名賢將。」秦王嬴政再次誠懇道歉，並軟中有硬地說：「此事已經確定，請將軍不要再推託了。」王翦見此，便不再推辭，說：「大王一定用臣，非 60 萬人不可。」秦王嬴政見王翦答應出征，立刻高興地說：「一切聽憑將軍的安排。」

秦王嬴政二十三年（西元前 224 年），秦王嬴政盡起全國精兵，共 60 萬，交由王翦率領，對楚國進行最後一戰。他把希望全部寄託在王翦身上，親自將王翦送至灞

上，這是統一戰爭中任何一位將領都未曾得到過的榮譽。嬴政與眾不同的性格再次顯露出來，他知錯就改、用人不疑的品性，使他再次贏得了部下的信任，肯為之賣命。

受到秦王如此信任和厚愛，對榮辱早已不驚的王翦絲毫沒有飄飄然之感，他知道，秦國的精銳都已被他帶出來了，如果得不到秦王的徹底信任，消除他不必要的顧慮，自己在前方是無法打勝仗的，而且他本人和全家乃至整個家族的命運都不會有一個完美的結局。所以，當與秦王分手時，王翦向秦王「請美田宅園甚眾」。對此，秦王尚不明白，他問：「將軍放心去吧，何必憂愁會貧困呢？」王翦回答：「作為大王的將軍，有功終不得封侯，所以趁著大王親近臣時，及時求賜些園池土地以作為子孫的產業。」秦王聽後，大笑不止，滿口答應。大軍開往邊境關口的途中，王翦又五度遣人回都，求賜良田。對此，秦王一一滿足。有人對王翦說：「將軍的請求也太過分了吧！」王翦回答：「不然！秦王粗暴且不輕易相信人。如今傾盡秦國的甲士，全數交付我指揮，我不多請求些田宅作為子孫的產業以示無反叛之心，難道還要坐等秦王來對我生疑嗎？」

王翦不僅會用兵，而且深知為臣之道，他摸透了秦

王嬴政的為人品性，所以採取了「以進為退」的策略，以消除秦王對自己可能的懷疑之心。同時，從王翦的話語中可以看出，秦國的制度是十分嚴密的，王翦率領全部精銳遠出作戰，不僅不敢生反叛之心，反而一而再、再而三地向秦王表示不反之心。不是不生，而是不能也。秦國嚴密的維護君權的制度，使得任何人不敢造次。

王翦不負重托，經過一年的苦戰終於滅亡了楚國。

從對王翦在滅楚問題上前後態度的變化，顯示了秦王嬴政所具備的非凡布局以及操縱局面的才能。這種素質和才能不是每一個人都具備的，也不是每一位君主或最高領導人所能夠擁有的，它們是秦王嬴政得以實現目標統一天下的基本保證。所以秦始皇能夠滅六國、統一天下不是偶然的。

1-4 聞過則改，是強者本色

一個「強」字，往往意味著成功的結果，但體現不出成功的過程。那些慣於突破人生局限獲得大勝的人必然要能挑戰自己的弱點，改正自己的缺點。

秦王嬴政親政後不久，他做過一件非常糊塗的事情，這就是他下達了一道違反秦國傳統做法和其本人執政方針的命令——「逐客令」，欲將六國在秦任職的客卿全部趕走。不過，在李斯的勸諫下秦王嬴政最終撤銷了此命令，沒有對操縱各諸侯國的統一大業造成危害。

是什麼原因使得嬴政一反常態，改變了秦國長期奉行的人才引進政策而下達這項命令呢？原來是東方國家對秦國施行反間計的結果。

戰國七雄中韓國實力最為弱小，又緊鄰秦國，是秦國進行統一戰爭的首選目標。韓國國君安實在不願意輕

易將祖宗傳下來的「錦繡江山」拱手讓人，於是便把當時著名的水利專家鄭國找來，讓他肩負間諜的使命西入秦國，遊說秦王興修水利，企圖以此消耗秦的國力，轉移秦國的注意力，改變韓國行將滅亡的可悲命運。

秦王嬴政十年（西元前 237 年），嬴政親政第二年，鄭國來到秦國，欲替垂死的韓國盡一點力量。在政治上已經穩固住自己地位的嬴政正想為秦國的經濟發展做些事情，聽了鄭國的計畫，覺得對秦國有利，於是立即徵集百姓，由鄭國主持在關中東部興修一條引涇水東注洛河的水渠。

鄭國主持修建的這條水渠，計畫全長 300 多公里，建成後可以灌溉良田 4 萬多頃，工程浩大，確實會占用秦國不少人力、物力，但關中河道則可以改造得更加合理，水渠建成後遍布關中的鹹鹵地將會變成良田耕地，所以秦王嬴政即便沒有識破韓王安的計謀，他所做出的這項決策也沒有錯。這項決定也符合秦國一貫的重農政策。

只是韓王安低估了秦國的綜合實力。盡管秦國投入了大量的人力、物力興修這條水渠，但是絲毫沒有影響到秦軍的東攻計畫。而且，當時在秦國興修的大規模土

木工程並不止此一項，譬如秦王嬴政的陵墓就在修建中，這項規模巨大的工程一直到秦始皇死時都沒有完成，它常年運用工人在 10 幾萬甚至更多。

夜長夢多，最後，韓王安的陰謀終於讓嬴政發現了，脾氣火爆的嬴政暴跳如雷，立即命人將鄭國抓來，要問刑處死。嬴政氣得發昏，朝中一幫長期不受重用的宗室大臣們覺察出這是一個難得可以重秉朝政的好機會。因為，長期以來，秦國一直堅持「客卿」政策——至少欲有所作為的秦國君主都施行此政策——重用東方有才之士，或委以重任高位，或任為客卿隨時諮問，宗室貴族反而在政治上都沒有過高的地位，本國官吏若無大才也只能充任一般職務，掌不了大權。這項制度是秦國自商鞅變法以後長期保持勃勃生機的重要原因，也是秦國最終統一六國的政治保證之一。

看到秦王怒氣沖天，宗室大臣們乘機進言，稱：「各諸侯國來秦國謀事的人，大抵都是為了他們各自的君主而遊說秦國、做間諜的，請您務必將他們全部驅逐出境。」年輕氣盛的嬴政犯了急躁的毛病，沒有冷靜地思考，便糊裡糊塗地接受了這個建議，立即下達了「逐客令」。

李斯的名字被列在驅逐的名單之中。「逐客令」一下，秦兵立即堵在各賓客的家門口，不許申訴，押送他們即刻離都。在被秦兵押解出境的途中，李斯乘隙寫了一封勸諫書信，並設法請人送入宮中，向秦王進諫。

秦王嬴政讀過李斯的上書，馬上明白自己錯了，他趕忙下令收回「逐客令」，並派人盡速追回李斯，讓他官復原職。

嬴政這種知錯就改、見賢求教的特點，是其成為中國最傑出「英雄」人物之一的基礎，也是他布局能力的重要表現。

現在，李斯在秦王的腦海中再也抹不掉了。秦王為自己這個時代的秦國又有了一個不可多得的人才而興奮不已，也為自己因一時氣憤而險些將秦國推入不測之地深感害怕。因此，秦王對李斯言聽計從。李斯則平步青雲，很快官至廷尉，執掌刑獄，並且在秦朝建立後不久升任為丞相。

「逐客令」撤銷了，而對於那個險些使秦王鑄成大錯的韓國水利專家鄭國，秦王嬴政仍不依不饒，非欲處死以洩其恨不可。幸好，鄭國也是一個善辯之徒，他對秦王說：此渠修成後，對秦國具有萬世之利，關中許多

不毛之地將闢為沃野。已經頭腦冷靜的秦王一聽，覺得有理，於是不再問罪，命令鄭國繼續主持水利工程。經過數年的艱辛，水渠終於建成，從此關中瘠薄之地變成膏腴良田，災荒減少，秦國的經濟實力進一步提高，直至最終平滅東方六國。

對於布局者而言，能聞過、知過後立即改正，不讓錯誤延續下去對大局造成更大的傷害，實在是一種強者風範，更是一種智者胸懷。

第 2 章

動局

掌握動盪局勢的主動權

亂世之中，局勢波動不止。此時，布局者不容易看清方向，也不容易把握機會，以保全和發展力量。所以動局極不容易布得好。曹操是一個善布動局的高手，他能在動盪之中摸清事物發展的「不動」規律，始終牢牢地把主動權掌握在自己手中。不管身處劣勢還是優勢，堅持由自己來布局，自己來收局，終於從群雄並起的局面中布出一盤好局，殺出一條血路。

2-1 從結交開始，布好人生第一局

一個人的聲譽在某種程度上影響著他的升遷與發展。因此，每個想有所發展的人，都無不為樹立自己的聲譽而費盡心思。俗話說，近朱者赤，近墨者黑，當「無名鼠輩」要成為成功人士時，掌握「親近法」當是一個重要途徑。曹操就是這樣做的。

漢代用人，非常重視輿論的評價，其晉用的標準，主要是依據地方上的評議，亦即所謂清議，實際上就是一種輿論方面的鑑定。士子們為了取得清議的讚譽，就不得不進行廣泛的社交活動，尋師訪友，以展示並提高自己的才學和聲名，博取人們的注意和好感。特別注意博取清議權威的讚譽，以致有些清議權威終日賓客盈門，甚至還出現了求名者不遠千里而來的情況。曹操對於這種形勢，有著極為清醒的認識，因此他特別注意結交名

士，竭力爭取他們的支持。

在這一方面曹操主要通過兩種途徑。一是對於年輕的名士就與之結交為友；二是對於年長的名士就向他們求教。這樣有利於爭取名士對自己的了解和幫助，藉以提高自己的名聲，擴大自己的影響，他知道自己的宦官家庭出身，為廣大士人所蔑視，因而很注意樹立自己不與宦官腐朽勢力同流合污的形象。

曹操在少年時就與袁紹相交，但兩個人之間總有一些隔閡。及至袁紹、袁術的母親死後歸葬汝南時，曹操還是不計前嫌與好友王儁一起前往弔唁，王儁對曹操讚譽有加，認為他有治世的才能。

袁家是世代官居高位的名門望族。這次葬禮舉行得非常隆重，參與人數多達三萬有餘，場面奢華，耗費了大量的錢財，曹操見此情景感慨萬分。他私下對袁紹、袁術十分不滿，對王儁說：「天下將要大亂，動亂的罪魁禍首肯定是這兩個人。要想安濟天下，為百姓解除痛苦，不除掉這兩個人是不行的。」王儁也很有感觸地說：「我讚同你的說法，能夠安濟天下的人，除了你還有誰呢？」說罷，二人對笑起來。

在王避居荊州武陵，官渡之戰時，王儁曾勸劉表與

曹操聯合，劉表不從。曹操下荊州時，王儁已死，曹操將其改葬於江陵。

李瓚是「黨人」領袖李膺之子，後來做過東平國相（如同郡守）。曹操同他交往，彼此了解很深。李瓚非常讚賞曹操的才能，臨終時對兒子李宣說：「國家將要大亂，天下英雄沒有一個人能超過曹操的，張孟卓（張邈）是我的朋友，袁本初（袁紹）是你的外親，雖然如此，你也不要去依附他們，一定要去投靠曹操。」後來李瓚的幾個兒子遵從父命，在亂世中果然保全了性命。

南陽何顒，字伯求，年輕時遊學洛陽，與郭泰、賈彪等太學生首領交好，很有名氣。好友盧偉高父親臨終時，何前去問候，得知其父有仇未報，便幫助盧偉高復了仇，並將仇人的頭拿來在他父親墓前祭奠，很是俠義。

何顒和大官僚士大夫「黨人」陳蕃、李膺相好。陳蕃、李膺被宦官殺害後，何也受了牽連，在被拘捕之列，於是他改名換姓逃到汝南躲了起來。袁紹慕其名，私下與其交往。何經常潛入洛陽與袁紹計議，解救「黨人」。

曹操在這期間也與何顒交往，談孔學，論百家，說《詩經》，講兵法，頭頭是道。分析評論現實的派別對抗、黨錮之禍，很有見地。表現了學識淵博而且有濟世

之才。何顒私下對別人說：「漢家將要滅亡，能夠安天下的，必定是這個人了。」曹操聽到後，非常感激。

此後，曹操在士人中的名聲就更大了。

曹操的崛起和他善於結交天下名士的做法是密切相關的。可以說，曹操以結交名士開始布下的人生第一局十分成功，這為他後面施展布大局的才能提供了基本條件。

2-2 學會掌握伸與屈的分寸

以屈求伸，並不意味著敗，而是力量薄弱，身處逆境中的競勝之道。古往今來，無論取得了多大成就的人，很少能總是高高在上，頤指氣使，每個人都有他屈身的時候。就屈身而言，有的人只對他的榮辱成敗起決定作用的少數人屈身，有的人則可能向大眾利益屈身。從社會現實來看，人們可以欽佩或鄙夷某一種「屈身」行為，但是不同的「屈身」行為，確實是決定人們是否能夠有所作為或取得成就的一個關鍵因素。

漢獻帝興平二年（西元 195 年），獻帝正式任命曹操為兗州牧。這時，由於曹操沒有地盤，便只好做英雄屈身之舉。他在準備起事的過程中須爭取陳留太守張邈的幫助，起兵後在補給等方面也須仰仗張邈的接濟，因此

在起兵之初曹操對張邈屈身以事之，並主動接受張邈的節制。不久，曹操隨張邈來到酸棗前線，代理奮武將軍之職。

和後來成大事的其他人一樣，曹操一方面屈身於張邈，受他的領導和節制，另一方面也在乘機積蓄自己的實力，以為後來開闢自己的天下創造條件。

曹操前往酸棗途經中牟時，該縣主簿任峻率眾前來投附。曹操非常高興，任命他為騎都尉，並將自己的堂妹嫁給了他。

騎都尉鮑信和他的弟弟鮑韜也在這時起兵響應曹操。鮑信是個頗有見識的人，董卓剛到洛陽時，他就勸袁紹說：「董卓擁有強兵，心懷不軌，如不早想辦法對付，將會被他控制。應當乘他才剛到正疲憊的機會，發兵襲擊，可一舉將其擒獲。」但袁紹畏懼董卓，不敢發兵。鮑信見袁紹不能成事，便回到家鄉泰山，招募了步兵 2 萬，騎兵 7 千，輜重 5 千乘。曹操剛在己吾起兵，鮑信便起兵響應，同時來到酸棗前線。曹操和袁紹推薦鮑信為破虜將軍，鮑韜為裨將軍。

當時袁紹的勢力最大，不少人趨奉他，唯獨鮑信對曹操說：「有大謀略的人在世上找不到第二個，能統率大

家撥亂反正的，只有您一個人。而那些剛愎自用的人，即使一時強大，最後也是要失敗的。」

於是與曹操傾心交往，曹操從此也把他當作知己看待。

當然，曹操對他所「屈身」的人也不是不盡心負責。當他看見各路義軍 10 餘萬人，每日只是宴飲作樂，不思進取，感到非常憤慨，忍不住加以指責，並就諸軍如何調動安排談了自己的建議，他說：「渤海太守袁紹率領河內的軍隊駐守孟津，酸棗諸將駐守成皋、敖倉、太谷，袁術率領南陽的軍隊駐守丹水和析縣，並開進武關以震懾三輔地區。大家深溝高壘，不同敵兵交戰，多虛設疑兵，以顯示天下群起而攻之的形勢。以正義之師討伐叛逆之敵，天下很快就可以平定。現在大家以討伐董卓的名義起兵，如果心懷疑慮不敢進兵，會使天下的人感到失望。我實在為大家的舉動感到羞恥！」

孟津、成皋、敖倉、太谷、丹水、析縣、武關大都是形勢險要，歷來兵家必爭之地。在這些地方駐兵，不僅可以對洛陽形成半包圍的態勢，而且還可以震懾三輔，動搖駐守長安的西北軍的軍心。這是一個可以遏制敵人，進而尋找戰機、打敗敵人的方略。而且，這個方略只要

求布為疑兵，並不馬上出擊，在一定程度上也照顧到了關東諸軍企圖按兵不動、保守實力的心理。因此，在當時的條件下施行這個方略應當說是切實可行的。但是，曹操雖然曉之以理，動之以情，甚至到了言辭激切、義形於色的地步，張邈等人還是我行我素，對曹操的建議置若罔聞，不予理睬。

但是，英雄終究不會久居人下，其志向、所走之途徑也不可能完全一致，當曹操在汴水失利、招募兵員，重新建立起自己的武裝隊伍而北歸後，不再返回酸棗，而是渡過黃河，趕到河內，與駐紮在那裡的聯軍盟主袁紹接觸，企圖對袁紹施加影響，使局面改觀。但結果仍令人失望，他在許多問題上也常常不能與袁紹取得一致，甚至完全針鋒相對。

所以當袁紹私下派人說服曹操讓其歸附他時，曹操也不置可否，後來，隨著袁紹乘機發展個人勢力，曹操更加堅定了自己的想法和加快發展個人實力的步伐。以後與袁紹的關係則更是若即若離，到曹操迎天子於許都，袁紹由曹操的「上級」變為了他的「下級」時，曹操也沒有因為自己實力壯大而和袁紹鬧翻，直到建安四年（西元 199 年）的官渡之戰前，雙方才成為「兩虎相鬥」的

「對頭」。

　　曹操的特點是該站出來時即能挺身而出，該屈居人下時也毫不猶豫，並且絕不扭捏作態。還有一點，曹操之「屈」不是一屈到底，而是屈中帶剛，即使屈身於人，也能贏得人家的尊重。

2-3 絕不與貌似強大的人合作

我們說動盪之中好局難布，是因為動盪之中形勢始終處於變化的狀態。就個人而言，選擇一個強大的合作者作為倚靠，無疑可以給自己的人生之局提供一個有力的支點。但是動局之中強者未必真強，弱者未必真弱，強弱之間瞬息轉換，如分辨不清反倒自取其禍。

董卓在控制獻帝，權力炙手可熱的時候，想籠絡曹操，這對曹操的選擇就是一個考驗。董卓對曹操的才幹，久有所聞，他任命曹操為驍騎校尉，並與其共商大事，想把曹操收為心腹。但曹操對董卓的為人是了解的，先前他反對召外將進京，就是看到了董卓是一個缺乏政治頭腦又有政治野心的人。董卓到洛陽之後的所作所為，曹操更是親眼所見，他料定董卓無非是逞一時之勢，終

將要落得眾叛親離，歸於失敗的下場。像董卓這樣的人，不僅不能與其同流合污，而且要創造條件打敗他。於是，曹操在這一年的月，偷偷地離開洛陽，走上了公開反對董卓的道路。

曹操不受董卓的籠絡，一是他有遠見，料定董卓之輩只能得勢一時。二是他有大的抱負，不是輕易地被人看重和使用的問題，而是怎樣才能有朝一日使用別人。

中平四年（西元 187 年）曹操採取以退為進的策略，以有病為由，辭去了朝廷任命他為東郡太守的官職，在家閒居。然而以他的聲望、人品和才華，是難以讓他清靜的。一年以後，冀州刺史王芬就派人拿著密信找到了他，原來，冀州刺史王芬聯合策士許攸、陳蕃的兒子陳逸、道教法師襄楷、沛國人周族等，密謀政變，打算趁漢靈帝北巡河間（今河北獻縣東南）舊宅之機，用武力挾持靈帝，誅除宦官，為陳蕃等人報仇。然後，廢掉靈帝，另立合肥侯為帝。他們決定拉曹操入夥。因為曹操有正義感，有號召力。所以派人給曹操送來了密信。

曹操讀罷密信後，心情很不平靜。他仔細考慮之後，覺得此事不妥，給王芬等人回信明確表示反對。曹操從當時主客觀條件上來說，王芬等人確實不具備像當年商

朝掌權者伊尹放逐太甲、西漢大將軍霍光廢立昌邑王劉賀的情勢，想取得成功是不可能的。

王芬等人是由地方發動的政變，無法一開始便控制朝政，即使是一時取得成功，也容易受到中央力量的圍剿。像西漢景帝時的吳、楚七國之亂那樣大的規模最後都失敗了。王芬等人以一個冀州之地，想搞成這樣一件大事，當然是屬於輕舉妄動的冒險行為。

後來事態的發展，果然如同曹操所料，王芬非但沒有取得成功，反而落了個舉家自殺的結局。

袁紹是繼董卓、王芬之後又一個想拉攏曹操入夥的人。

初平元年（西元 190 年）袁紹為了有利於發展自己的勢力，以獻帝年幼，又被董卓所困，關山阻塞，不知是否還活著為由，與冀州牧韓馥一起謀立幽州牧劉虞為帝，並私刻了皇帝的金印，派畢瑜去見劉虞，勸他稱帝，並說這是上天的意旨。同時前來徵求曹操的意見，企圖獲得曹操的支持。曹操問明來意，明確表示反對，說：「董卓的罪行，國人盡知。我們會合大眾，興舉義兵，遠近無不響應，這是因為我們的行動是正義的。現在皇帝年紀幼小，被奸臣董卓控制著，還沒有像昌邑王那樣的

破壞漢家制度的過錯，一旦加以廢除，天下有誰能夠心安呢？諸君北面，我自西面！」

古代皇帝面南而坐，臣僚面北朝見皇帝。劉虞是幽州牧，幽州又剛好在北方，因此這裡的「北面」語含雙關。「西面」，指向西討伐董卓，迎回獻帝。諸君願意去向劉虞稱臣，我自去西討董卓，表現了曹操與袁紹等人分道揚鑣的決心。董卓暴行令人髮指，國人共憤，討伐董卓確實是人心所向，應當全力以赴。獻帝雖然毫無建樹，但他畢竟是國家的象徵，又被董卓挾持著，如果一旦廢掉，另行易人，必然造成更大的混亂，局面將更加難於收拾。所以曹操的意見，不僅表現了他的膽識，也是從大局著眼的。

東漢時讖緯迷信盛行，一些人利用讖緯大造符瑞，妄測吉凶，甚至以此證明某某得到天命，應當即位登基。袁紹、韓馥也玩弄過這套把戲。當時剛好有 4 顆星星在屬二十八宿的箕宿和尾宿之間匯聚。古代星象家把天象和地面上的一些地方相配合，叫分野，箕、尾的分野剛好是燕地，即幽州。於是韓馥說神人將在燕地產生，實際是說劉虞應當稱帝。又說濟陰有一個男子叫王定的得到一塊玉印，印上刻著「虞為天子」四個字。

一次，袁紹得到一塊玉印，因當時只有皇帝的印才能用玉製作，袁紹認為奇貨可居，就故意拿到曹操面前炫耀，誰知曹操不以為然，大笑著說：「我不信你這一套！」

袁紹感到大煞風景。袁紹見曹操不聽自己擺布，很不滿意，於是私下派人去見曹操，企圖說服曹操歸附自己。來人見了曹操，說：「現在袁公勢力正盛，兵力最強，兩個兒子也已經長大成人。天下英雄，有誰能夠超過袁公呢？」

曹操聽了，沒有吭聲。但從此對袁紹更加心懷不滿，並產生了伺機消滅袁紹的想法。

由此不難看出，曹操對待拉攏他的人，使用的對策是不同的。

2-4 以開闊的胸襟接納盡量多的人

大局憑眾人智慧而布成。歷史上幾乎沒有一個成就大業的人不是能夠盡攬天下英才為我所用的人，又幾乎沒有一個能夠「任天下之智力」的豪傑不是胸懷博大，氣度恢宏的人。

　　曹操的躍馬揚鞭，往來馳騁，並不是一個「天馬行空獨往獨來」的「獨驊圖」，而是在他麾下有著一個千軍萬馬，山呼海嘯的群英譜。這一壯闊的場面來源之一，就是曹操的博大胸襟。

　　他的「山不厭高，海不厭深，周公吐哺，天下歸心」，表達了他為實現理想要延攬天下人傑的思想：山不嫌棄塵土亂石才稱其為高，海不嫌棄涓涓細流才稱其為深，我只有像周公那樣，「一沐三捉髮，一飯三吐哺，起以待士，猶恐失天下之賢人」，才能把天下人統一在我的

麾下。歷史上的曹操，正是從一兵一卒抓起，從一官一吏用起，花了 19 年的時間，將長江以北的混亂局面扭轉過來，實現了中國大半個版圖的統一。

看曹操用人，當首先看他的氣度。

曹操政治抱負宏大，用人氣度不凡，在他與袁紹起兵的對話中，就充分表現出來了。

初紹與公共起兵，紹問公曰：「若事不輯，則方面何所可據？」公曰：「足下意以何如？」紹曰：「吾南據河，北阻燕、代，兼戎狄之眾，南向以爭天下，庶可以濟乎？」公曰：「吾任天下之智力，以道御之，無所不可」。

任天下之智力，爭天下之歸心，曹操的理想是將劉備和孫權收服。

劉備是一個反覆無常的人。他在迫不得已的情況下投靠了曹操，曹操的謀士荀彧主張殺掉劉備。

荀彧入諫曰：「劉備，英雄也，今不早圖，後必為患。」曹操不答，彧出，郭嘉入。操曰：「荀彧勸我殺玄德，當如何？」嘉曰：「不可，主公興義兵，為百姓除暴，惟仗信義以招俊傑，猶懼其不來也，今玄德素有英雄之名，以困窮而來投，若殺之，是害賢也。天下智謀之士，聞而自疑，將裹足不前，主公誰與定天下乎？夫

除一人之息，以阻四海之望。安危之機，不可不察。」

　　曹操認為郭嘉說的有理，並認為劉備是個難得的人才，因此對劉備十分敬重，「出則同輿，坐則同席」總想把他納入自己的陣營。劉備不甘在曹操之下，表面上應付著曹操，實際上另有己圖。他與曹操翻臉後，一次被曹兵打得大敗，妻子和大將關羽都被生俘。在這前後，曹操的謀士程昱、郭嘉等，幾次提醒趁機殺掉劉備，而曹操的回答只是一句話：「方今收英雄時也，殺一人而失天下心，不可。」明知劉備是勁敵，也有機會殺他，但只要有一絲爭取的希望，也不肯下手，這是何等的氣量！唯恐殺一，丟掉一片，這又是多麼的高明！

　　孫權是三國時期吳國的統治者，他比曹操晚生27年，當是曹操的後輩。曹操從西元190年起兵，到208年揮師南下，整整19年，幾乎是大戰必勝。沒料到在大功眼看即將告成之時，因遇到孫權等人的頑強抵抗而慘敗於赤壁。這一敗，使曹操要達到的政治目標成了泡影，也使他看到了虎虎生風的新一代領袖人物。「生子當如孫仲謀」，曹操在後期，不止一次地發出過這樣的感嘆，並採取過多種措施，想把孫權拉攏過來。他讓阮瑀為他起草的《與孫權書》，完全是站在平等立場上講話，從「百

姓保安全之福」，孫權也可為天下一統作出更大貢獻的高度，勸導孫權與他合作。在曹操的殷殷招納和劉備的夾擊之下，孫權終於做出了稱臣的表示，如果不是曹操在這種情況下突然死去，他把孫權爭取過來是大有可能的。如果是那樣，三國的歷史，就會以一老一少兩位政治家的聯手，大江南北的統一而改寫。

三國之主都能用人，但只有曹操想著把另外兩主用起來。孫權作為後生，對曹操的用人，佩服得五體投地，他說：「至於御將，古之少有，比之於操，萬不及也」。對他來說，保江東是大局，不可能產生如何用曹操的念頭。劉備是曹操的同輩，在曹操設法團結他時，他想的只是如何鑽曹操的空子，搗曹操的鬼，也沒有敢用曹操的奢望。一般來說，在同樣的客觀條件下，用人的氣度與取得的績效是成正比的。天下三分，曹操得二，劉備和孫權各偏安一隅，絕非偶然。

任天下之智力，爭天下之歸心，最值得稱道的，還是曹操正確對待反對自己的人，善於將對自己不利的人心，凝聚為對己有利的力量。曹操起兵時，只有本家族的幾個兄弟和侄子作骨幹，七拼八湊，不足 4 千兵馬。他想任劉備未獲成功，但在任用其他優秀人才上卻收到

了奇效，這樣就使他在短短的幾年內，造就了「謀士如雲，戰將如林」的龐大隊伍。荀彧和郭嘉，是三國時大名鼎鼎的智囊人物，都曾是袁紹的幕僚。「度紹終不能成大業」，率先棄袁投曹，曹操得荀彧，高興地稱他是「吾子房也」。郭嘉看透了袁紹「未知用人之機」，也跑到曹操陣營，曹操喜而讚之：「真吾主也」。官渡大戰時，沮授、田豐、許攸都是袁紹的重要謀士，張郃、高覽都是袁紹的大將，除田豐被袁紹忌殺外，都臨陣投降了曹操。

曹操對待投降過來的人，一不計前嫌，二大膽任用，與自己原班人馬一視同仁，量才放手而用，得益甚大，即使對那些降而復變或叛己投敵又被捉到的人，也千方百計再爭取過來。魏種原是曹操的故舊好友，兗州戰役曹操敗績，投敵叛曹的人很多，曹操說：「惟魏種不棄孤也」。沒想到，魏種也逃叛而去，這真是大傷了曹操的臉面。不久，將魏種捉到，有人說，把他殺了算了。曹操思量再三，「唯其才也」，還是「釋其縛而用之」。如此對待魏種，感召了其他叛逃的人，紛紛自動返回。官渡勝利後，下屬搜集到本營中一些人給袁紹寫的欲降信，問曹操如何處理。曹操連看都不看，把信都燒了，他說：在大戰時我自己還有喪失信心的時候呢，更不用說別

人了。

「公收紹書中，得許下及軍中人書，皆焚之。」

曹操這一把火，不知將多少人對曹操動搖的心，燒煉為對他的忠誠。對曹操和袁紹都很了解的楊阜，稱曹操「能用度外之人」，真是一點不假。

諸葛亮說：「曹操比於袁紹，則名微而眾寡，然操遂能克紹，以弱勝強者，非惟天時，抑亦人謀也。」

第 3 章

智局

跌宕中確保自己的立足點

雖然局面大勢未定，但如果有強者占住了最好的位置，那麼後來者就很難再有立足之地。智者之智，就在於他能在混亂中看清局勢，於競爭中找到機會，並以獨到的布局智慧，閃轉騰挪中確保自己的立足點。

3-1 對局勢了然於胸

一個人光有大志還不行，還得要有本事，沒有點真本事，弱者不會趨附你，強者不會起用你，就連想樹立個敵人恐怕都不容易，因為別人根本不把你放在眼裡。要想操縱亂局，安民濟世，還得先磨煉點本事。有了本事，就有人喜歡，諸葛亮青史留名，首先就是因為他布局之前有洞悉局勢的本事。

在茅廬之中，諸葛亮對前來相邀的劉備詳細分析了他眼裡的大局。

首先從指導思想講起。他指出群雄混戰的基本法則，是依靠「人謀」取勝。當初比較弱小的割據勢力，依靠自身努力強大起來，原先強大的反而失敗了。袁、曹之爭是其中最大、最典型的事件，曹操轉弱為強的經驗值得借鑑。

他回顧說：「自從董卓以來，豪傑並起，跨州連郡的，數不勝數。曹操比起袁紹，名望低微，實力弱小，然而終於擊破袁紹，轉弱為強，這原因不只是天時，也是人謀。」

劉備於是想到了自己，過去人謀不力，今後事業想要有成，也要看人謀。

指導思想明確後，接下來談劉備借鑑曹操經驗，改進戰爭指導。諸葛亮考察劉備的戰略環境，暢談天下大勢。這時全天下除了劉備以外，還存在六股勢力：北方的曹操、韓遂馬超、公孫淵，南方的孫權、劉璋、張魯。諸葛亮作了這樣的估計：曹操和孫權，將生存下來，其他都將滅亡。劉備也有條件生存下來，與曹、孫三分天下，前提是改進戰爭策略。

他說：「現在曹操已經擁有百萬之眾，挾天子以令諸侯，不可與他爭鋒。」劉備實力如此弱小，不應該與曹操爭強鬥勝；曹操須要消滅，但不是現階段任務。

話鋒一轉，談到江東：「孫權據有江東，政權經歷三代的考驗，地勢險要，民心歸附，賢能者肯為孫氏效力。這股力量，可以用作外援，卻不容去吞併。」告訴劉備，江東他吃不掉，要與它聯合，否則南方也有可能被曹操

各個擊破。

那麼，劉備又將如何奪取天下呢？諸葛亮建議分近、遠期兩步驟，近期以三分天下為目標，有三項任務。

「荊州北據漢、沔（漢水上游）二水，利益窮盡南海，東連江東吳、會稽兩郡（今長江三角洲和浙閩），西通劉璋巴蜀（今四川），這是用武之地，而荊州之主劉表不能固守。荊州怕是天意資助將軍的，將軍有沒有意思？」第一項任務，取荊州。

「益州險要，四塞之地，沃野千里，乃是天府之國，漢高祖憑藉它成就了帝業。益州之主劉璋愚昧、軟弱，張魯威脅其北面，人民殷實，地區富有，而不知道去慰問撫恤，智能之士渴望得到明主。將軍既然是皇家後代，名聲和道義傳遍四海，總攬英雄，思賢若渴，何不取而代之呢？」第二項任務，接著取益州。

第三項任務，同孫權結盟。孫氏正在內爭三江五湖之利，局限在東南一隅；然而遲早會走出太湖背後的閉鎖狀態，進入全國對抗，那時聯合就有現實的可能。

以上是近期計畫。預測劉備聯吳避曹奪取荊、益後，將與曹、孫三分天下，並成為獲利最大一家。可以說，諸葛亮未出茅廬，已知天下三分。

接下來談遠期，以統一全國為目標。首先要治理荊、益，任務是：「守住兩地險要，西和諸戎，南撫夷越，對外結好孫權，對內治理政務。」

諸戎在西北秦隴即益州和曹占領區之間，由氐、羌族構成，夷越在益州南部，都具有戰略意義，必須以和撫政策爭取少數民族的民心，鞏固大後方，策應滅曹的北伐戰爭。劉備在實現近期目標後實力增強，將與曹操爭鋒，問題是選擇有利時機。

「一旦天下有變，就命令一員上將率領荊州軍隊北上宛城（今河南南陽）、洛陽，將軍親自率領益州軍隊攻入秦川（今關中一帶），百姓誰不用簞盛飯，用壺盛湯來歡迎將軍呢？果真如此，則漢室可興、霸業可成了。」

這個對策，便是聞名後世的《隆中對》，產生於草廬，也稱《草廬對》，包含豐富的戰略智慧。它告訴劉備：奪天下，光憑願望和艱苦奮鬥是不夠的，還得通盤謀算，成竹在胸。過去想一口吃個胖，實力和目標兩者失衡，瘸腿走路，哪能不跌跤呢？分步驟，力所能及，方能逐步成功。弱者對強敵先退一步，向薄弱地區荊、益謀求發展，壯大自己力量，獲得最終進攻強敵的實力。軍事對抗同政治、外交對抗配合，聯吳，治理荊、益等

手段綜合運用，必能大見成效。

　　在常人看來，一個能在曹操、孫權、劉表、劉璋等手握雄兵、顯赫一時的群雄那裡謀到一席之地的人，偏偏看上既沒有地盤、又沒有多少兵馬的劉備，豈非將一生事業繫在前途未卜的人物身上？然而這正是諸葛亮之所以為諸葛亮的道理。撇開劉備反曹最堅定、以興微繼絕為己任這一層不說，去了能受重用，一展平生管樂抱負的，捨劉備其誰？劉備不以自己一介布衣、一名青年為鄙陋，三次屈尊就教，單憑這一點，就很感激的了。豈不聞「士為知己者死」！顯然，諸葛亮把領導者的素質看得比實力更加重要，把未來看得比當前更重要。這是一個布局大師不同常人之處的根本所在。

3-2在「共贏」上做文章

布局者必須精通「共同利益」的重要性，靠「共同利益」聯結雙方的心。一個人把這一點做得非常漂亮，局面必會向自己一方傾斜。

劉備有了諸葛亮，猶如魚之得水，而諸葛亮效力於劉備，則有了施展才幹的一個大舞臺，諸葛亮從此可以實踐他自己操縱亂世的文韜武略了。

諸葛亮出山，一上來便很棘手。他要協助劉備奪取荊州，但荊州最近成了群雄覬覦的焦點。曹操已定河北，荊州必是下一個目標，而東吳早已3次進攻荊州江夏，荊州問題已經「國際」化了。以劉備微薄的力量，如何不讓荊州落入曹操之手，爭得荊州，又與劉表及東吳為友？面臨這些難題，幾乎沒有又必須尋到出路。

在諸葛亮出山的第二年，即建安十三年（西元208

年）7月，曹操集結步、騎兵南下，佯稱攻擊南陽郡，祕密大舉進軍荊州。

形勢嚴重，劉表決心收縮兵力，重點防禦襄陽，待曹軍疲憊後反攻，以確保荊州。急令劉備從新野撤到樊城（今屬湖北襄樊）駐防，保衛一水之隔的襄陽，又以江陵為後方基地，儲備大量軍用物資，支援前線。

大軍壓境，對劉備既是挑戰，也是機遇。但劉備退至樊城時，僅有兵力5千。

曹操率軍占據襄陽後，聽說劉備已過江，親率精銳騎兵5千，拋下輜重，輕軍追擊，一日一夜行300里。前鋒曹純和荊州降將文聘終於在當陽長坂坡（今湖北當陽東北35公里綠林山區的天柱山）追上劉備軍。

兩軍一接觸，曹軍5千精騎把劉備軍10萬人馬衝得落花流水。劉備丟下妻子，與諸葛亮、張飛、趙雲等數十騎落荒而逃。

正當劉備這支不滿一校的敗兵上天無路、入地無門時，在半路遇上東吳前來聯絡的使者魯肅。這很意外。東吳與荊州劉表是世仇，孫權又企圖奪取荊州，一統吳楚，稱霸南方，不料卻派來使者。

孫權是極明白利害關係的英主，他認識到，曹操南

下荊州，是與東吳爭奪荊州，得手後勢將進攻東吳，東吳連生存都將成為問題，還談什麼奪取荊州呢！眼下曹操躍升為第一順位的敵人。應該調整敵友關係，與荊州建立聯合戰線。孫權派出魯肅後，自己也前出柴桑，就近密切注視事態發展。

魯肅在出使途中，路經夏口（今湖北漢口），聽說曹操正在向荊州進軍，及至到達南郡時，劉琮已經投降，劉備正在南撤，便迎上前去，與劉備相遇。劉備是落難鳳凰不如雞，然而魯肅的巨眼掂得出這位失敗英雄的分量，決意極力促成孫、劉兩家合作，聽劉備說今後打算投奔蒼梧郡（今廣西梧州）太守吳巨，忙向劉備指出，吳巨平庸，行將被人吞併，不足以托身。他傳達孫權希望結盟的意願。

諸葛亮早想與東吳結緣，長坂坡大敗後因為實力不足和不明東吳態度，沒有主動聯吳，不料魯肅找上門來，做了聯合的發起人。魯肅不僅處在有條件採取行動的一方，而且眼光過人。

對於魯肅其人，諸葛亮並不陌生，哥哥諸葛瑾與他私交甚深，有關魯肅為人早已從兄長處獲知不少。更何況危難中一見，很有相見恨晚之感，談得十分投機。

諸葛亮既敬佩魯肅的眼光，又敬重哥哥的朋友，與魯肅建立了深厚友誼。劉備偕魯肅繼續退卻，途中先後會合關羽水軍和劉琦 1 萬人馬，眾軍循漢水進入長江，放棄原來西上江陵的計畫，進駐江漢會合處的夏口。

這時曹操占領江陵，擁有劉表水軍，將以絕對優勢兵力沿江東下，進擊東吳，劉備在夏口，首當其衝。孫、劉聯合僅為意向，尚未敲定，形勢萬分危急。

諸葛亮受任於敗軍之際，奉命於危難之間，與魯肅急匆匆奔赴柴桑，會見在那裡觀望成敗的孫權。

諸葛亮冷靜分析東吳內部的形勢，感到和、戰的關鍵操在孫權之手。孫權不願意降曹，但對於弱軍能否戰勝強軍及依靠誰來抗曹，尚無把握和良策，決心難下，猶豫不定。此行使命的關鍵，是遊說孫權定下抗曹決心。對此，諸葛亮充滿了信心。

諸葛亮代表荊州方面，與孫權展開談判。他以為，盡管己方大敗之後處於不利地位，但必須掌握主動，談判的時候要坦白，澈底，以建立信任，要講藝術，取得好效果，先鼓動孫權抗曹的決心，再消除他的顧慮。

整個會談，諸葛亮完全占有主動，掌握了會談的進程。會談取得圓滿結果。於是孫權召集群臣商議和、戰

大計，形成共識。在此關鍵時刻，東吳突然接到曹操來信，信中聲稱將率領 80 萬水步大軍，前來伐吳。東吳官員無不失色，大多數主張迎降，孫權無奈，召來中護軍周瑜。在周瑜力排眾議下，東吳決定了迎戰大計。孫權命周瑜等率兵 3 萬，隨諸葛亮前往會師劉備，齊心協力抵禦曹操。

諸葛亮出使東吳，本來有求於人家，可是他反客為主，用激將法成功地說服了孫權聯合抗曹。聯吳的目的達到了，還顯得是孫權求他。諸葛亮初次受命，便顯示出超群的外交智慧和藝術。

諸葛亮隨後乘船趕赴前線，協助指揮孫、劉聯軍作戰。當年冬季，曹軍和聯軍在赤壁隔江相持，周瑜發起火攻，火燒曹船，劉備軍配合在陸上追殲，共同大破曹軍，曹軍損失大半，曹操退回北方。聯軍追至江陵，經過一年圍攻，守將曹仁棄城。曹軍由於失去水軍基地，無法再建強大的水軍。曹操赤壁鎩羽而歸，不能戰勝南方，直到西元 280 年東晉滅吳國之後才實現天下統一，這一推遲，竟達 73 年之久。

赤壁之戰，為三國形成舉行了一個奠基禮。這次戰爭能夠取得勝利，關鍵是建立了孫、劉聯盟和孫權在極

端困難條件下決策抗曹。這兩方面，諸葛亮都作出了重大貢獻，與周瑜、孫權一起改寫了歷史。

在很多時候，外交是非常必要和有效操縱局面的手段，外交賴以成功的基礎是找到共同的利益，諸葛亮正是深刻地認識到蜀、吳兩國的戰略利益關係，才通過外交手段將蜀、吳的兩盤局合在一起布，一舉擊退了強大的魏國。這一布局過程把諸葛亮以智布局的特點體現得淋漓盡致。

3-3 把錯走的棋擺回到原來位置

智不僅體現在見事之明、理事之精，還體現在對已經發生的錯誤能夠排除阻力，使事情的發展回到正確的布局軌道上來。

劉備死後，諸葛亮有權調動全國的資源，放開手腳辦事。要辦的大事，是擺脫當時的危機，最終統一全國。任務異常艱巨，必須撥亂反正，扭轉航向，制定新的國策，帶領國家回到正確的道路上來。

蜀國的策略是有問題的。當「漢事將成」之際，蜀國圍繞荊州歸屬問題，與東吳出現尖銳對立，而決策卻一再失誤。一方面荊州是東吳全力來爭、劉備只能以一部力量來守的形勢，一方面忽視團結東吳，對東吳爭荊州的決心評估失誤，喪失警惕，發生了東吳背叛聯盟、荊州被偷襲的惡性事件。關羽被殺後劉備又置主要敵人

曹魏於不顧，發動東征，遭受挫折。在一連串重大挫折打擊後，應該清醒了。

癥結在什麼地方呢？在於打擊的方向錯了。如果蜀、吳繼續對抗下去，勢將相互削弱，魏國將更加強大，最終不僅不能消滅魏國，反而將被它所滅。

反吳已被證明是錯誤的，劉備對此有所覺悟，夷陵戰後派使者聯絡吳國，臨終又說他所惦念的，是「最終成就咱們的大事」。這「大事」便是消滅魏國，興復漢室。然而劉備無力澈底改正他的錯誤，此事必須由諸葛亮完成。諸葛亮把聯吳滅魏確定為基本國策，一切都必須服從並服務於它。

這時群雄混戰和三國形成的階段已經過去了，進入三國鼎立階段，形勢相對安定，各方不再進行決戰；然而，北伐魏國是劉備集團一貫的方針，劉備臨終又以此事相托，伐魏仍須進行。而且必須盡快，時間拖長，對於魏國恢復其殘破的經濟有利，而及早北伐可發揮自己治國治軍的優勢，何況劉備身死之後，量蜀國無人能夠蹈涉中原，抗衡大國，唯有及早用兵，才有希望蠶食並最終打敗魏國，報答劉備知遇之恩。

形勢仍然是魏強蜀弱。魏國人口約占三國總人口的

60％，面積為整個北方，政權度過草創階段，經濟有了一定的恢復。蜀國在江陵、夷陵之敗中損失了荊州軍全部、益州軍一部，人口約占三國總人口的 12％，面積只有益州一地。

但勝利的希望是有的。魏國存在弱點，當權者的戰爭指揮能力遠遜於過去的對手曹操，經濟仍然沒有走出陰影，許多地方仍然是千里渺無人煙。蜀國雖然在軍事力量上處於劣勢，但是與劉備寄寓荊州時相比，有了相當的實力，經濟未遭到破壞，還有較大發展，政權將獲得鞏固。劉備集團素有以弱勝強的傳統，如果再度組成吳蜀聯盟，可以對魏國構成戰略均勢，那時魏國不能全力對蜀，蜀國可以全力對魏，有可能在局部地區造成某種優勢，積小勝為大勝，最終戰勝魏國不是沒有可能的。為此，諸葛亮展開了確立聯吳滅魏國策的努力。

這時，魏國司徒華歆、司空王朗，各有書信寫給諸葛亮，陳說天命和人事，勸諸葛亮舉國稱藩。

諸葛亮不作答覆，暫時保持低姿態，抓緊統一內部團結。針對內部對北伐眾寡懸殊、信心不足的問題，他寫了一個叫做《正議》的文件，連同魏國勸降信，一起在內部傳閱。《正議》實際上是一篇北伐的動員令。

伐魏，就必須停止與吳國對抗，恢復聯吳。

諸葛亮必須扭轉反吳的風向，但是在蜀人的感情關前陷入了孤立。蜀國兩次大敗於吳國，丟失荊州，喪失了關羽、劉備，這些慘痛、仇恨，人們都掛在吳國的賬上，國內反吳情緒高漲。諸葛亮企圖聯吳，怎奈知音寥寥。而且，吳國意圖不明，也夠令人擔心的。孫權曾經要求建立聯繫，可是又在劉備去世後接納反蜀勢力。前後派往吳國的使者都不能使孫權有聯合蜀國的明確表示。諸葛亮生怕孫權策畫不利於蜀國的詭計。

諸葛亮下令鄧芝出使東吳。鄧芝不負使命，他摸清孫權對於聯蜀態度不明朗的顧慮。原來孫權擔心蜀主幼弱，領導不起來，萬一聯蜀後引起魏國進攻就不好辦了。鄧芝告訴孫權，真正領導蜀國的是一世豪傑諸葛亮。你如果不聯蜀，魏國早晚要你和太子入朝，那就有被扣下的危險，如果不肯入朝，就會有藉口前來討伐，蜀國也會順流而下，那你就危險了。孫權應允。

諸葛亮依靠自己的人格魅力，終於將風向扭轉了過來，聯吳抗魏的國策就這樣得以順利實施了。

3-4 越是逆境，越要積極挑戰

逆境是任何人布局的障礙，也是不可避免的，所以需要自我挑戰。布危局、逆局需要的是勇氣和毅力，需要在逆境中挑戰人生，這時，迎接挑戰不僅是大勇，也是大智。

諸葛亮北伐遇到了重重障礙。首先是國力有限，限制了蜀軍員額。黃初二年（西元221年）蜀國戶口20萬，如果達到魏軍的規模，例如建立40萬軍隊，每戶需徵兵2人。這是不可能的，因為各家若沒有勞動力從事生產，國家、人民和軍隊都將無法生存。蜀國以有限的人口既要出兵保持北伐軍的數量，又要留有勞動力生產糧食，供應蜀軍作戰，深感壓力巨大。蜀軍數量註定處於劣勢，即使保持十幾萬，兵源、軍糧也都捉襟見肘。

其次是地形和運輸上難度很大。地形上的難處，造

成邊界利守不利於進攻。蜀、魏邊界分為東西兩段。東段邊界南為蜀國漢中，北為魏國關中，中間隔著秦嶺谷道。秦嶺谷道通常南北寬 470 至 660 里，渺無人煙，極其難行。邊界西段是漢中、梓潼同魏國武都、陰平的邊界，也是山地和高原地形。越過邊界，必須穿越漫長而艱險的山路，這成了北伐後勤保障的巨大障礙。蜀軍北伐的後勤保障任務艱巨，軍糧立足於從國內運輸。由於邊界山地道路漫長、艱險，供應幾萬、十幾萬人的軍糧，大約要動員與軍隊同樣數量的民夫，肩背，車運，翻山越嶺，穿過秦嶺谷道，運抵魏境。民夫運輸中自身食用耗費巨大，軍糧運到前線數量打了極大折扣。如此高的人力動員率和軍糧損耗率，是難以承受的。

顯然，蜀軍北伐是以小國之軍攻大國之軍於易守之地。諸葛亮企圖克服上述重重困難，把蜀軍訓練為小而強的軍隊，去爭取勝利。他展開全面的戰爭準備，以便增強國力軍力，適應戰爭的需要。

政治上，他確立大權獨攬的體制，恢復聯吳抗魏的國策，協調統治集團內劉備北方故舊人士、荊州人士和益州人士之間的關係，屬行法治。經過努力，蜀國科教嚴明，賞罰必信，無惡不懲，無善不顯，至於吏不容奸，

人懷自勵，道不拾遺，強不侵弱，風化肅然。政治之清明，治理之井然，在三國中首屈一指。

經濟上，他實行先農後戰的政策，對自耕農先「存恤」，後役使；重視水利灌溉工程。把最重要的水利工程都安堰（今都江堰）看作「農本，國之所資」，北伐時，「徵丁千2百人主護之」。加強鹽、鐵業管理，採用新能源天然氣煮鹽提高出鹽率，大力發展絲織業，促進商業。

軍事上，他平定南中叛亂，化腐朽為神奇，把一個不安定的南中變為出兵出物資的大後方。他任命張裔為司金中郎將，主持兵器打造，裝備修繕。同時，抓緊軍隊治理，加強蜀軍紀律性，大力抓緊講習武事，提高蜀軍技術、戰術水準。

北伐準備，是長期的過程，不可能一蹴而就，隨著在戰爭實踐中暴露出的問題，還要有針對性地進行準備，因此諸葛亮確立邊打邊準備的方針。幾乎每次北伐後都進行準備。

在準備達到一定程度後，捕捉時機成了重要問題。《隆中對》設想北伐的時機是「天下有變」。自從奪取益州以來，只有關羽北攻襄樊前期，出現了大好形勢，接近「天下有變」。此後即發生逆轉，荊州遭到偷襲，劉備

慘敗。劉備死後直到眼下，也未等到十分有利的時機。建興四年（西元 226 年），諸葛亮在練兵時，傳來魏文帝曹丕去世的消息。這雖然談不上「天下有變」，多少也是有利的，何況自己 46 歲了，似乎不能再等待下去。

　　建興五年（西元 227 年），諸葛亮決心實施北伐。首先，要進駐漢中。漢中離成都遠，距敵人近，以該地為前進基地，有利於就近做戰前準備。諸葛亮到漢中後，距成都 1 千數百里，日常事務無法遙控，蜀國必然形成兩個權力中心。為了協調二者，諸葛亮召集會議，討論部署，安排人事。一切就緒，向後主告別。諸葛亮深知後主才能平庸，不辨忠奸，最不放心。他懇切地寫了一道出師的表章，遞了上去。諸葛亮臨別依依，幾乎不能自持。

　　《出師表》遞上後，3 月，以劉禪名義下詔，令丞相北伐。春天，丞相率軍北上，跋涉 1 千數百里，來到漢中，屯駐在沔陽。只見漢中四面環山，境內有西漢水橫貫其境，是一個盆地。為確保漢中防禦，在漢中西口險要處營建陽平關和白馬城。

　　在漢中治所南鄭，諸葛亮召集眾僚屬開會，商議如何進軍。督前部、領丞相司馬魏延建議出奇兵，先取

長安。

　　隴右是隴山（今六盤山）以西地區。把攻擊點選在隴右，對於攻取洛陽未免迂迴；然而迂迴未必是壞事。攻取隴右，可以避開秦嶺天險，利用西漢水漕運，是一條坦途。隴右魏軍兵力較弱，有利於蜀軍「平取」。隴右是產麥區，有利於在敵境建立因糧於敵的根據地。隴右與關中相鄰，居天下的上游，可以瞰制關中，順流而下，則可進攻長安。後來司馬昭曾經很清楚地揭示，諸葛亮常有「兼（隴右）四郡民夷，據關、隴之險」的志向。諸葛亮首次攻魏，確定迂迴西取隴右，說明他從蜀國實力出發，既積極進取威武自強，也注重謹慎求實。

　　確定攻取隴右，也說明北伐的戰略目標是分階段的，這就是：當前以奪取隴右為目標，中期以奪取長安及關中為目標，遠期東出潼關，以攻占洛陽、北定中原、攘除奸凶，興復漢室、還於舊都為目標。

　　諸葛亮北伐期間，三國進入鼎立初期。魏、吳都轉入戰略防禦。魏國決定先求文治，後求武功，在相當長的時間內偃武修文，休養人民，恢復生產，增長國力，招懷遠方，對吳、蜀予以忍耐，僅採取守勢戰略；等到國力增強，具備了條件時，再議統一。東吳主張發揮獨

有的江防和水軍優勢，並依靠與蜀國的聯盟，依託長江，實行重點守備，將魏軍阻止於長江之外。唯有蜀國取攻勢布局戰略。這體現了劉備培養起來的獨特作風，永不服輸，處境越是不利，越是敢於在逆境中迎接挑戰。同時，這也是弱者於動局中自保的有效手段。

街亭敗後，是很難辦的，因為通常戰爭失敗，往往導致內政上的嚴重後果。諸葛亮卻善於以失敗為改革機遇，開始了最著名的治軍實踐。他認為，街亭失利證明軍隊有問題，要抓住明罰、思過、減兵省將三個方面實行變通。

明罰，是嚴明賞罰。馬謖如何處理？他街亭戰敗，論罪應死，但是善於出謀，南征時出了攻心之計，要不要念在人才難得饒恕他？不能饒。益州風氣過分寬縱，必須咬咬牙，嚴肅軍紀。於是諸葛亮考察每個微小的功勞，甄別壯士、烈士，重用王平，加拜其為參軍，進位討寇將軍，殺街亭失利者馬謖及將軍張休、李盛。馬謖與諸葛亮私交好，情如父子，在獄中寫信給諸葛亮要求申王法，處死自己，說：「希望深思舜殺鯀用禹的大義，使我們平生的交情不因此事受損害，我雖死在黃泉下也無遺憾。」諸葛亮親往臨祭馬謖，10萬大軍聞知此事無

不流淚。

　　蔣琬卻不滿意。他在成都主持丞相府事務，後來到漢中，見諸葛亮便道：「天下未定，殺智謀人士，太可惜了。」

　　諸葛亮心中隱痛，流淚道：「孫子、吳子的軍事思想為什麼能夠無敵於天下呢？就是執法嚴明。所以晉王悼公的弟弟楊幹違反軍法，魏絳殺了他駕車的僕人。現在四海分裂，北伐戰爭才開始，如果廢除了法紀，靠什麼去戰勝敵人呢！」

　　變通的第二方面是思過，找出失得教訓。這件事不能只靠自己，要發動大家一起作。諸葛亮向僚屬說：「從今以後，凡忠心謀國者，只努力批評我的缺點錯誤，那麼大事可定，賊人可死，大功可以翹足而待了。」

　　諸葛亮不僅口頭承認有錯誤，而且採取行動。在街亭之戰中，他提拔一向賞識的馬謖，違背劉備臨終「馬謖言過其實，不可大用」的叮囑，違背眾人啟用魏延、吳壹的意見；沒有親臨街亭前線，臨機處置，減少和避免失誤。他果斷地承擔領導責任，宣布：這次失利，「不在兵少，在一個人身上」。

　　殺馬謖後，向後主上疏，再次承擔責任：「我以微弱

才能，擔任不能勝任的職務，親自執掌兵權，激勵三軍，不能對部隊進行典章制度的教誨和申明法令，不能臨事謹慎，以致有街亭違背軍令的錯誤和箕穀疏於戒備的過失，這都歸過於我任人無方。我沒有知人之明，考慮事情糊塗。按照《春秋》的原則，戰爭失利責罰主帥，我的職務應該承當這個責罰。請允許貶降自己三級，以督罰這個過錯。」

在他的要求下，後主把他降為右將軍，代理丞相，令他一如既往總管各項事務，諸葛亮把自己錯誤布告天下，使人人知曉。

變通的第三方面是減兵省將，裁減了冗兵冗將。人數少了，部隊更加精幹、戰鬥力更強了。此外，還抓緊進行軍事訓練。

通過改革、整頓，蜀軍戰士經過了選拔和訓練，士氣高昂，面目一新，忘記了失敗。這次治軍實踐，證明諸葛亮善於處敗。在實際生活中，不存在百戰百勝的將帥，關鍵在於能否像諸葛亮那樣，敗後變得聰明起來。

第 4 章

變局

以變應變征服大多數人

變局當中，存在著更多的不確定因素，布局者的每一步驟甚至一個微小的舉動，都會影響著局面「變」向何方。在這裡，布局者一定要占住布局的制高點：征服大多數的人，讓人們順著自己的意願而變。要做到這一點必須洞察先機、以變應變。

4-1 對象變了，策略也要變

> 布局過程當中面對的對象如有變化，你的措施也必須隨之調整。

　　忽必烈從一開始即位，便顯現出了不同凡響，他沒有沿用以前大汗的做法，卻破天荒一反過去大汗們遵守蒙制的老傳統，而是採用漢人的年號——中統來紀元。這一畫時代的做法，斷然從歷史上將蒙古帝國一分為二，遠遠地將一個舊帝國拋在了身後。所謂的「中統」，就是中朝正統，從此以後，他儼然成了中原的統治者。

　　在諸多的政治變革中，最有成就、最值得一提的則是忽必烈對政權機構的建設。

　　從在開平即位的那一天起，忽必烈就秉著「立經陳紀」的原則，開始了新的政權建設，並多次向大臣們表示了自己「鼎新革故，務一萬方」的雄心壯志。

忽必烈的高明之處，就在於他並非只注重徒有其名的空殼，而是立即著手設立中央政權機構，賦予它們實際的權力。他「內立都省，以總攬宏綱，在外設立總司，來處理各地的政務」。這裡我們不能忘記王文統的功勞。

　　忽必烈雖然採用了漢法，但他卻不拘泥於漢法，他大膽革新的精神使我們不能不佩服他。並且我們還發現，在忽必烈改組機構的重大創舉中，他所依賴和任命的大多是漢人儒士，從中書省、行中書省到各路的宣慰使司，許多高階官員都是漢人。例如中書省的史天澤、王文統、趙壁、張易、張文謙、楊果、商挺諸人即是。即便是西元 1260 年 5 月所設置的十路宣慰司，擔任行政長官的，很少有蒙古族的人士。而像主部希憲、布魯海牙、黏合南合等色目人也都是漢化很深的儒人。雖然在西元 1261 年，中書省官員經過調整，加入了蒙古貴族不花、塔察兒和忽魯不花等人，但他們由於缺乏實際的政治經驗和管理才能，只能是象徵性作用的人物。所以，忽必烈在最初行政機構的改建中，的確拋棄了蒙古舊制，也難怪守舊的蒙古貴族對此極為不滿，他們從蒙古草原派出使者質問當時駐在開平的忽必烈說：「本朝舊俗，與漢法不同，今天保留了漢地，建築都城，建立儀文制度，

遵用漢法，其故何如？」對此，忽必烈堅定地回答他們說：「從今天形勢的發展來看，非用漢法不可。」旗幟鮮明地向蒙古王公貴族表明了自己要實行漢法的決心。

按照「漢法」改革的思路，忽必烈的機構改革是一竿子插到底，從中央到地方，一攬子進行，在地方上除了完善行省制度外，還設立了廉訪司、宣慰司。在行省下設路、府、州、縣四級行政機構來具體負責地方事務，盡管設置這些都沒有什麼大的建樹，全都是借用了宋、金的制度，然而，他畢竟將蒙元帝國的行政改革推上了漢化的道路。

西元 1263 年，完成了中書、行省創建的忽必烈也沒有放鬆對軍事衙門的改制。此前的萬戶、千戶的設置在民政、軍政上不分，常有分散軍事權力的隱患。隨著元朝統治的擴大，一個統一的軍事權力機構的建立也勢在必行。因而在這一年被李王搞得精疲力竭的忽必烈便下詔：「諸路管民官處理民事，掌管軍隊的官員負責軍事，各自有自己的衙門，互相之間不再統攝。」西元 1264 年元月，全國最高軍事機構——樞密院誕生了。

樞密院的設置，是忽必烈又一次對蒙古原有軍政不分家舊制的重大變革。當然，忽必烈多少也在這個方面

保留了一些民族特色，他仍然將四怯薛——親兵長官牢牢地掌握在自己的手中，以防止突發的事件。萬戶長、千戶長也沒有完全從蒙古帝國清除掉，仍然在蒙古人之中保留了這一頭銜。並且自從樞密院建立後，出於民族防範的需要，老謀深算的忽必烈從不輕易地把兵權交給漢人掌管，除了他非常信任的幾個漢人之外。

從小就習慣在馬背上射獵的忽必烈並未忽視兵權的重要性，實際的對抗經驗也使他深深懂得武裝力量對於國家政權以及統治的保障作用，就在他即位大汗的初年，此起彼伏的農民起義便「相煽以動，大或數萬，小或數千，在在為群」。攪得他心驚肉跳。何況還有一個苟延殘喘的南宋小朝廷等著他去消滅，恐怕僅靠蒙古軍是完不成這個歷史任務的。對軍事改革的迫切性、重要性，忽必烈一點也沒有忘記。隨著他政治統治的穩定，他的軍事制度也日趨完善，忽必烈時期不僅有一套完整軍隊的宿衛和鎮戍體系，而且將他的祖先所留下的怯薛制發揮得淋漓盡致。

怯薛制無疑在元朝的軍制乃至官僚體制中都具有非常重要的地位，怯薛不歸樞密院節制，而由忽必烈及其繼承者們直接控制；怯薛的成員怯薛歹雖沒有法定的品

秩，忽必烈卻給予他們很高的待遇。一個明顯的事實是，每當蒙古帝國、大元皇帝們與省院官員在宮廷商議國策時，必定有掌領當值宿衛的怯薛長預聞其事。所以怯薛歹們難免利用自己久居皇宮、接近皇帝的特權，常常隔越中書省而直接向皇帝奏事，從內宮降旨，干涉朝廷的軍國大政。這與他們所處的環境、身份與地位有相當大的關係。

誠然，忽必烈也知道內重於外、京畿重於外地的軍事控制道理，因而，他便建立了皇家的侍衛親軍，讓他們給自己保衛以兩京為中心的京畿腹地。忽必烈時期共設置了 12 衛，當時衛兵武器之精良、糧草之充足、戰鬥力之強，都是全國各地的鎮戍軍所不敢望其項背的。

我們也不能不佩服忽必烈改建軍隊的才能，在民族成分各異的偌大帝國內，忽必烈不費吹灰之力就將不同地區、不同民族的軍隊分為 4 種，即蒙古軍、探馬赤軍、漢軍、新附軍，而對於軍隊數量之多，連義大利人馬可·波羅都讚嘆不已：他說「忽必烈大汗的軍隊，散布在相距 20、40 乃至 60 日路程的各個地方。大汗只要召集他的一半軍隊，他就可以得到滿足任何需求的騎士，其數量是如此之多，以至於使人覺得難以置信。」讓我們權且

相信這位實際見證人的話吧。

封建王朝的各朝各代，能夠直接控制軍隊的皇帝，恐怕沒有幾個，而忽必烈卻有幸與他們為伍，他創制軍隊不僅有新意，而且掌握及使用軍隊也很獨特。所以帝國的「天下軍馬總數目，皇帝知道，院官（指樞密院官）裡面帶頭的蒙古官人知道，外處行省裡面軍馬數目，帶頭的蒙古省官們知道。」這在當時是一個不成文的規定。而且邊關的機密，朝廷中沒有幾個人知道，沒有忽必烈的命令，一兵一卒也不能擅自調動。恐怕正是由於忽必烈對大元帝國軍事機器的精密裝配，才使元朝立足中原一百多年。

這便是忽必烈著述變通、勇於革新的第二大內容。

除了以上的改革之外，忽必烈這位從大漠走來的皇帝在發展生產與剝削方式方面的改革也一點不遜色於其他有為的漢族皇帝。這一點，也正是在這一點上，忽必烈不僅贏得了廣大漢人文士們的擁護，也得到了飽嘗了三百年戰亂的中原各族以食為天的農夫們的擁護，因此，中原的人民承認了他「中國之帝」的身分，這就是他的重農政策所取得的巨大成功。他不僅雷厲風行地在全國各地創置勸農一類的機構，派出官員們鼓勵農桑，而且

多次發布詔令，保護農業生產，還廣興軍屯、民屯，頒布《農書》，推廣先進的農業生產技術，以指導民間的農業生產等等，都使被破壞或中斷了的農業生產力得以恢復，使得農業經濟繼續向前發展。他的這項對農業生產方面的改革成功，以至於後來的封建文人們，也對他倍加讚賞，這是一種操縱勝局力量的反映。

4-2 靠綱紀說話，靠法度辦事

俗話說：「沒有規矩，不成方圓」，每處理一件事都得依照一定的程序，不能本末倒置，捨本逐末。要穩定對局面的控制，就要有完善的法制，不能隨意處理事情。為樹立布局者的新形象，要進行法制的建設，努力做到靠綱紀說話，靠法度辦事。

忽必烈的「立法度、審刑獄」之舉，著實讓蒙古貴族震驚不已。

突然跨入封建文明的蒙古貴族，入主中原以後，他們的習慣法「大禮撒」根本不能適應漢地的實際需要。因而，從忽必烈的先祖們開始，便不自覺地走上了借用他朝法律來改造蒙古族法律的道路。但這條道路對於早已熟悉習慣法的蒙古統治者來說，確實是非常的艱難。忽必烈開國初年，在他的漢人謀士以及專家們尚未修成

像樣的律令之前，對凡涉及北方漢人的刑事案件，都參用原來金朝的「泰和律」定罪量刑。西元 1271 年，大元王朝感覺到再使用這個亡國之律令，實在不太體面，於是下令禁止使用「泰和律」。

國家不可一日無君，國家也不可一日沒有法律。在此情況下，有人建議將史天澤等人修成多年的《大元新律》略加增刪，頒布天下施行。但不知什麼原因，這部法律並未面世。盡管忽必烈曾經多次命令精通法律的老臣參考前代的法律，頒布一部新的法律，然而，由於各種原因直到至元二十八年，忽必烈才頒布了《至元新格》，它包括了選格、治民、理財、賦役、課稅、倉庫、造作、防盜、察獄等 10 個章目，每個章目下又分成 10 數條，這些條例都具有行政法或其他門類法律的性質。忽必烈頒布的《至元新格》確實是按照一般的法典規格編寫而成的。難怪後來研究法制史的人都認為它過於單薄，非但幾乎完全沒有刑法，其規模距離一部真正的行政法、民法或財政法的法典也有相當的差距。

這些指責在今天來說是不無道理的，但對於這位從大漠走出來的皇帝來說，恐怕有些過分。畢竟從坐上汗位起，他便殫精竭慮地思考如何革除以前的暴政，他不

僅愛護百姓，而且更重視百姓的生命，他所想的就是如何最大程度地減輕刑罰，因此，他嚮往漢文帝等英君的薄刑政策，逼不得已是不願殺人的，所以，他所頒布的法律也就具有簡單、粗糙的特點，這恐怕與他秉守的好生之德原則有很大關係。

所以，元朝的刑罰也就體現出了比以前朝代輕罰的特點，所謂「天饒他一下，地饒他一下，我饒他一下」就體現了元代刑罰的寬恕原則。而當時五刑中的死刑也僅為絞、斬二種形式，以前的凌遲處死等殘酷的刑罰在當時並不常用。事實也是如此，在忽必烈統治的 30 多年裡，他經常向官員們有意識地灌輸「寬刑」思想。至元二十三年（西元 1294 年）當中書省官員向他奏報說：「現在對偷竊鈔幣數貫以及偷盜佩刀等小東西，兒童少年偷竊的，全都應把他們發配服役，但為了體現寬刑原則，我們認為，第一次違犯的可以打板子後釋放，第二次就應該發配服役。」忽必烈同意他們的做法，並且還說：「人命至重，今後沒有經過認真仔細地審判，不要隨便殺人。」

有一次，他在去上都開平的路上，箚魯忽赤（蒙古斷事官）合剌合孫等人乘他遊玩高興之際，向他奏報

上年南京等路死囚處死的事情，並請求讓數位箚魯忽赤到各路去執行死囚的死刑，忽必烈一聽，非常不高興地說：「死囚又不是羊群，怎麼可以立即殺死呢？應該全部讓他們去淘金服役。」所以，當他在位的時候，盡管各地反叛不斷，刑事案件較多，他的寬刑政策卻始終不變，有的年份判處死刑的人數僅為百餘人，有的年份甚至只判處幾十個死刑犯人。這在當時，乃至整個封建時代，也是很罕見的。

為了擺脫蒙古帝國過去的那種哥哥弟弟共同坐在一起，不分高低貴賤的做法，他命令大臣制定朝儀，讓他們向他這位皇帝按一定的次序行參拜大禮。就像當年的漢高祖感受做皇帝的威嚴一樣，忽必烈也感受了漢帝君主制度的榮耀和威嚴。不僅如此，他也像歷代封建皇帝一樣，為自己的帝國建立了一整套的祭祀、廟享等制度，使他的統治與漢法接軌，以便得到漢地神靈們的佑護。

對此或許某些人會認為，忽必烈的這些做法是雕蟲小技，不足一談。但對當時從蒙古草原走出來的「只識彎弓射大雕」的君王來說，卻並非易事。當時他的這些變易舊章的做法，動輒都與他民族的傳統相悖，遭到他本民族守舊意識很強的貴族們抵制、反對，這也是預料

中的，其艱難程度也是可想而知的。並且他的本民族部眾並非全都能意識到，忽必烈的改革是把他們從落後引向先進的路途，其中有些人還一時不會意識到改革的好處，因此，在元帝國的境界裡，由於民族傳統、民族習慣的作怪，也就自然地形成改革不澈底，以致產生南北中原異制的情況。但無論如何，忽必烈的改革，盡管存在許多的缺憾，仍被載進了光榮的歷史典冊之中。

4-3 有人願意跟隨才是硬道理

在除舊革新的局面下，能不能把更多的、有社會影響力的人才聚攏到自己身邊來，就成為這個變局能否布置成功的關鍵。

即位後時值中年的忽必烈已經從一個「思大有為於天下」的藩王真正地變成了一個能夠實現自己政治理想的皇帝，懂得了「人才乃治之本」、「天下治亂，繫於用人」的道理，立下要尋求像魏徵、曹彬那樣，輔佐人君成就為一代明君的人才之雄心壯志。

像歷代重視、愛惜人才的英主明君一樣，忽必烈為了贏得士人們的好感，在帝國的朝廷內也曾營造一個尊士、敬士的氛圍，以期望能多徵求到人才。為此，他曾多次頒布徵召士人及其他各方面人才的詔令。至元十八年，忽必烈頒布了徵召前代賢才能人的後代，以及儒士，

醫生，精通卜筮、天文曆法、術數和知名的隱逸士人的詔令，這次徵召範圍之廣，是以前所不曾有過的，反映了忽必烈急切需要人才的心情。

為此，他高興地採納了他的親信侍衛鄂爾根薩里提出的，應該招山澤道藝之士以備任使的建議，派遣使者到各地訪求賢才，並且專門建立了集賢館來儲蓄被訪求來的人才，任命德高望重的司徒撒里蠻出任了集賢館長官一職。可見，他對徵求人才的工作是非常重視的，其措施也是較為切實可行的。

對被徵召來或應召的士人，忽必烈給予他們很好的待遇。據史料記載，對應召的士人，無論他們才能的大小，在未安排使用之前，忽必烈都讓他們住進高級的賓館，並派專人來接待他們，在飲食、住宿、出行的車輛與穿著的衣服上都給予了豐厚的賜予。因而，博得了士人們的歡心，同時也就贏得了不少士人的傾心奉獻。

當然，對於任何慢待士人的做法，也都是他所深惡痛絕的。當時有這樣一件事，使忽必烈很是生氣。有一位主持應召士人衣食供給的官員，對忽必烈禮遇士人有加的做法不免有所嫉妒，就想暗中進行破壞。於是，他故意將供應給士人的全部食物都陳放在忽必烈經常行進

的地方，希望忽必烈能看見而下令減少份量。果然，有一次忽必烈真的從此經過，不免詢問了起來，這位官員回答說：「這是一位士人一天的食物供給量。」忽必烈聽後非常生氣，立刻清楚了這位官員的用意，斥責他說：「你想使朕看見這些而下令減少數量嗎？即使是提供超過這些的十倍來接待天下的士人，猶恐他們不來，何況還要減少？這樣，誰還肯再來！」這動人的一幕，後來流傳出去，不知折服了多少孤傲的士人。由此也可以發現，對待士人，忽必烈的確是優待有加，禮遇備至。

由於這些吸引人才的辦法較為可行，也在當時形成了一種舉賢薦賢的良好風氣，上有忽必烈的重視與倡導，下面的大臣們便雷厲風行，積極地為元帝國搜羅人才。太保劉秉忠常在宴會、談話、顧問等接近忽必烈的時機，推薦可以作為官員的人才，他所選拔薦舉的人才，後來都成了元帝國的名臣。在他的薦舉人才名單中，有樞密副使張文謙，這位洞究術數，尤粹於義理之學的士人，一生為人剛明簡重，在忽必烈朝野名聲頗好，家中藏著數萬卷的書簡，尤以引薦人才為己任，死後被贈予推誠同德佐運勳臣的封號，並贈太師、開府儀同三司、上柱國官爵，可謂位極人臣。其他如太子讚善王恂、御史中

丞程思廉、「久著忠勤」的戶部尚書馬亨，還有「守正不阿」的刑部尚書尚文，以及被忽必烈所信任倚重的安西行省左丞李德輝等等。

對劉秉忠所舉薦的人才，忽必烈都給予信任與重用。從這點上說，劉秉忠也是一位難得的伯樂。其他如姚樞、許衡、張德輝等人都給忽必烈舉薦了不少的人才。即便如此，後來在至元年間，忽必烈仍然有「朕身邊缺少漢人」的感嘆，因而程文海又對他提出了徵召南方漢人的建議，並向他舉薦了江南著名士人趙孟頫、余恁、萬一鶚、張伯淳、胡夢魁、曾晞顏、孔洙、曾沖子、凌時中、包鑄等二十多人，忽必烈任命他們或擔任憲臺職務，或者授予文學之職，都發揮了他們的才能。

正由於卓越的用人才能，七百多年前，忽必烈便博得了一個度量弘廣、知人善任的美名，這是歷史的機遇與個人才能綜合的結果。當時為什麼諸多人才不去別人的帳下，卻都集中在了忽必烈的麾下，要解釋這個難題，恐怕還是要追因於他良好的政治、文化、軍事、領導等等的布局素質，尤其是布變局的素質上。

4-4 及時改錯，是善於應對變局的表現

　　每個人都會犯錯，而知錯即改是一個布大局者的優秀素質。世易時移，天下事變化無常，而當中更容易出錯，能夠及時改錯就能把變局布置成勝局。但是，不虛心求教、心胸狹隘的人，很難具備操縱變局的氣魄。

　　歷史上凡是大開言路、敏於納諫、知錯即改的皇帝君王都能夠躋身於英君明主的行列。自從「鄒忌諷齊王納諫」之後，能否納諫，也就成為某一位皇帝政治賢否的標準，於是，善於納諫的劉邦與只有一位謀臣且不能用的項羽兩人，就成為歷代君主戒鑑的正反榜樣。同樣，能否納諫、知錯即改又表明了某位君主帝王的政治素質的高低。

　　走出大漠的忽必烈也正由於具有如此難得的品行

與智慧，像其他開國君王一樣，很有資格地戴上了一頂「敏於納諫」的桂冠。也正由於他能納諫，便給後人留下了許多值得思考的經驗。

讓我們循著忽必烈納諫的軌跡作一番尋覓。

西元 1260 年，是風雲突變的一年，在鄂州前線與南宋激戰的忽必烈，收到了他親愛的妃子察必快速送來的情報；蒙哥已死，阿里不哥陰謀奪位。情況十萬火急，忽必烈心急如焚，不知計從何出。

在這關鍵時刻，是郝經這位足智多謀的謀士所提出的《東師議》，解決了他的危機。

郝經建議：首先讓精銳軍隊把守江面，與宋朝議和，迫使宋朝割地納幣。其次，放棄輜重，輕騎速歸，渡過淮河後乘坐驛車，直接到達燕都。同時，派遣一支軍隊直接前去迎接蒙哥汗的靈車，收繳皇帝印璽。真可謂「柳暗花明」，忽必烈沒有理由不接受這樣完美的諫議與謀略，後來的歷史也證明，忽必烈正是按郝經的提議採取了斷然行動，使元帝國的大船從浪尖駛向了風平浪靜的海灣。

因而，在後來的許多年裡，忽必烈都不能忘懷這位使他轉危為安、順利登上九五之尊的謀臣。

可惜，郝經在忽必烈即位初年擔任國信使出使南宋後，被南宋一扣便是 9 年，再也沒有機會向忽必烈奉獻他的睿智英謀了，這是歷史與上天造就了郝經的個人悲劇，忽必烈對此也不無遺憾！

如果說忽必烈在這危急關頭的納諫是情勢所逼，有些被動，而他做了皇帝後，則所納之諫就並非情勢所逼，由被動到主動，由必然向自然，使忽必烈的納諫更合乎規律性。

西元 1265 年，蒙古帝國的政局是百廢待興，一切都在重建之中，這時漢法能否繼續施行，蒙古帝國的施政方針如何？都為北方的地主階級所密切關注。對此，從草野前來的許衡上了著名的《時務五疏》，替忽必烈撥雲見日，澄清了疑慮。我們曾在前文已談及他的部分疏議，但仍有必要在此一敘。《時務五疏》其一就是希望忽必烈繼續實行漢法；其二是設立中書省；其三是設立紀綱，精於吏治；其四是整頓社會風化，興教育，使百姓安於生產；其五是勸忽必烈嚴號令，節喜怒。

這五點都關乎元帝國的政治與民生，因而忽必烈都予以「嘉納之」。他希望御史官員們能夠像歷代賢臣那樣勇於諷諫，以便使朝廷吏治清明，言路暢通。

在保持言路暢通方面，忽必烈對御史臺寄予了很大的希望。歷史上，御史臺對封建朝廷、封建君主的施政方針、吏治、政務都發揮過重要的糾正作用。在監督、彈劾貪官汙吏方面，發揮了不可或缺的作用，因而御史、監察官員被視作皇帝的耳目，從他們的嘴中君主可以了解民情和風情以及吏治好壞等情況。

忽必烈認同，所以，他所選任的御史官、監察官員都是名儒或蒙古重臣。忽必烈在全國設立以御史臺為首，完備的監察機構，並設立江南諸道與陝西、雲南諸道行御史臺，行臺下設提刑按察司、肅政廉訪司機構。官員們的官秩同於內臺，以加強對地方吏治、官員的監督。

正由於御史官員是忽必烈納諫、了解政治得失的重要來源，對其官員的選擇就非常謹慎嚴格。西元 1277 年，在設立江南諸道御史臺時，御史大夫姜衛就御史官員的選用問題向忽必烈建議說：「陛下把臣當作了耳目，我把監察御史、按察司官員們當作了耳目，倘若這些官員選非其人，就好像人的耳目被閉塞一樣，下面的情況怎麼能夠達於上聽呢？」

他的話得到忽必烈的讚同，下詔讓御史臺嚴格執行官吏的選拔，並且每當選任官員的名單報上來後，忽必

烈必定要集中重要大臣、御史們商議討論，如被大家認為某位人選不適宜的，就立刻罷劾。由此可見忽必烈對御史官員的重視，也能反映他對納諫的重視。

忽必烈納諫的過人之處，是他並不偏信偏從，遇到正確的、對國家有好處的，或糾正他的過錯的勸諫，他從來都能放得下面子，給以採納，有錯即改。反之，他則堅持不改。

直到臨終前，老年的忽必烈也一直以善於納諫而著名。

對於像秦始皇、忽必烈這樣擁有至尊地位的君王來說，改過絕不是可有可無的小把戲。在形勢不那麼十分穩定的變局當中，改過更是應對變化的必要手段。

第 5 章

穩局

努力調動起一切積極因素

即使作為布局者、操縱者的地位是穩固的，但所面臨的局面仍可能暗流洶湧，處置稍有不當，穩局隨時成為危局。這就要求布局者以穩健的方式、有條理的步驟，用權力作為指揮棒，調動起局面中可資利用的一切積極因素，真正讓穩局穩如泰山。

5-1 最大限度地聽取各方意見

> 布穩局應及時了解下情，這需要盡最大限度地
> 聽取各方意見，這樣才能做出正確的決策，以達到
> 政通人和。

　　康熙熱衷御門聽政，既是反對權臣鰲拜的需要，也
是對輔政時期政治的重大改進。因為在輔政時期，諸司
章奏康熙都要到第二天才能看到，而且是由輔政大臣等
少數幾個人於內廷先行議定意見，漢大學士更是不能參
與其事，鰲拜等人便藉機將奏疏帶回家中任意改動，以
達到結黨營私的目的。而御門聽政則使年輕的康熙皇帝
走出內廷這個狹小的圈子，可以與朝廷大臣廣泛接觸，
藉以考察其優劣，亦可團結他們，取得支持，增強鏟除
權臣的勇氣和信心。

　　聽政時，康熙與大臣們直接見面，共商國是，而

且參與的官員比較廣泛，包括大學士、學士、九卿、詹事、科道等官，以對輔政大臣的行為形成某種程度的制約，對某些擅權越軌行為也能及時發現和制止。

康熙發現，自己每天早起聽政，而部院衙門大小官員都是分班啟奏，甚至有一部分作數班者，認為「殊非上下一體勵精圖治之意」，便於康熙二十一年（西元1682年）5月頒旨規定：「嗣後滿漢大小官員，除有事故外，凡有啟奏事宜俱一同啟奏」，無啟奏事宜的滿漢大小官員亦應同啟奏官員一道，每日黎明齊集午門，待啟奏事畢方准散去；有怠惰規避，不予黎明齊集者，都察院及科道官員察出參奏。但官員們貫徹起來確實有困難，他們不比皇帝，就住在乾清門旁邊，他們「有居住僻遠者，有拮據輿馬者，有徒步行走者，有策蹇及抱病勉行者」。

由於需提前齊集午門守候，他們必須每天三更即起，夜行風寒，十分辛苦，以致白天辦事時精神倦怠。後經大理寺司務廳司務趙時揖上疏反映此情，康熙深為感動，立即採納，於9月21日重新規定：每天聽政時間向後順延半個時辰，即春夏7時，秋冬8時，以便啟奏官員從容入奏；九卿科道官原係會議官員，仍前齊集外，其他各官不再齊集，只到各衙門辦理事務；必須啟奏官員

如年力衰邁及患有疾病，可向各衙門說明後免其入奏。此後又罷值班糾劾失儀的科道官員，以便官員們暢所欲言；年老大臣可以「量力間二、三日一來啟奏」。

官員們也擔心康熙每天早起聽政過於勞累，一再建議更定御門日期，或 3 天或 5 日舉行一次。但康熙認為：「政治之道務在精勤，厲始圖終，勿宜有間」，如果做到「民生日康，刑清政肅，部院章奏自然會逐漸減少。如果一定要預定 3 日 5 日為常朝日期，不是朕始終勵精圖治的本意」，因此對臣下們的好意婉言拒絕。

康熙理政十分認真，各部院呈送之本章無不一一盡覽，仔細批注，即使其中的錯別字都能發現改正，翻譯錯誤之處也能改之。章奏最多時每天有三、四百件，康熙都「親覽無遺」。由於親閱奏章，他對臣下處理政事敷衍塞責、手續煩瑣等作風都能及時發現，並予解決。

針對一事兩部重複啟奏的問題，康熙令會同啟奏，不僅簡化了手續，有利於提高效率，而且經兩部協商討論後，所提建議往往更實際，不至舛錯。

總體而言，康熙繼承和發展的御門聽政制度，對及時了解下情，發揮群臣智慧，集思廣益，使國事決策盡量避免偏頗，政務處理迅速及時，對保證封建國家的統

治效能，發揮了重要的作用，也是康熙朝政治生涯的一大特點。

作為少數民族入主中原的封建王朝，清廷一開始就面臨著與當地漢人之間的民族衝突問題，特別是在順治年間曾形成一場大規模的群眾抗清運動。這場運動雖以清王朝的勝利而告終，卻給予新興的清王朝沉重的打擊，使清朝統治者意識到：要想在幅員遼闊，人口眾多，而且經濟文化發達的中原地區站穩腳跟，就必須重視滿漢關係，緩和滿漢民族衝突。在這一點上，康熙的作為值得稱道。

可以說，正是由於康熙帝善於聽取各方面的意見，使得他能及時了解各方面的情況，對一些重大問題有正確的認識，這是清朝在康熙任內迅速走向強盛的主要原因之一。

5-2 符合大多數，才能調動大多數

家事國事天下事，歸根到底都是人的事，少數終歸是壓不倒多數的。因此做事需要從多數的立場去考慮，否則，布置穩局就無從談起。

　　康熙做事，總是著眼於多數，廢除律令和尊儒兩件事就是最好的例證。

　　康熙即位初年，由於大規模的群眾性抗清運動被平息，以四大臣為代表的滿族貴族，繼續推行「圈地」、「逃人」和「投充」等明顯含有歧視漢族的政策法令，因而使趨向緩和的滿漢衝突再度激化。而康熙鑑於滿族統一遼東和漠南蒙古的經驗教訓，深知單憑武力是不能將統一局面長久維持的，必須爭取民心，而且深信四書五經等儒家經典及精通這些儒家經典的漢族士大夫是有裨治道的，因而在親政後對漢族士大夫積極採取籠絡手段，

並逐步修正「圈地」等落後政策。

《逃人法》是滿洲貴族為了維持其殘餘的奴隸制度而設立的緝捕逃亡奴僕的法令，於清初所推行，特別是順治年間的《逃人法》，具有明顯的民族壓迫特徵。如規定逃人逃跑二、三次始行處死，遇赦得免，而漢人窩主一經發現即被正法，妻子、家產戶籍沒入給主人，遇赦不赦，鄰右、十家長也要連帶受重罰，惟旗人窩主僅鞭一百，罰銀五兩。這便使得漢人，無論地主還是普通百姓，都深受其害，大為不滿，造成嚴重的滿漢民族衝突。

康熙四年（西元 1665 年）正月，為了使《逃人法》既注重保護滿洲貴族的既得權益，又能適當照顧漢族地主的正當要求，體現嚴懲訛詐、輕處窩主的精神，開始修訂該法。修訂後的《逃人法》規定：凡有奸棍借逃行詐騙行為者，審實後交刑部正法，結夥借逃報仇，詐害良民者，無論旗下或平民百姓，「俱照光棍例治罪」；停止執行窩主處死、刺字及給旗人為奴之例，改為流徙尚陽堡；相關鄰右、十家長及地方官「免其流徙」。

康熙十一年（西元 1672 年）之後更規定，有關逃人案件除了寧古塔仍由該將軍審理外，其餘各省由當地督撫審理。由於督撫等地方官大多由漢軍旗人或漢人充當，

他們比較注意穩定社會秩序，很少大肆株連或重處窩逃行為，因而受到廣大漢族地主的歡迎和擁護。

到康熙初年，隨著大規模圈地活動的停止，原有《逃人法》的修訂，此弊才基本被制止。

自漢武帝「罷黜百家，獨尊儒術」之後，以孔子思想為代表的儒家學說便成為我國封建社會歷代王朝所尊崇的正統思想。清太宗皇太極、世祖福臨均推行尊孔崇儒的政策，仍按明代嘉靖年間的封號尊稱孔子為「至聖先師」。而孝莊皇太后等人則相反，認為「漢俗盛則胡運衰」，因而「輒加禁抑」，他們既不搞尊孔崇儒，更不設經筵日講。然而康熙帝從治理國家的實際需要出發，堅信儒家學說有裨治道，因而對學習漢族傳統文化有著強烈的欲望和濃厚的興趣，主動向太監張某、林某學習句讀經書，了解明代的典章制度和宮廷軼事。

康熙八年（西元 1669 年）4 月中旬，即處置鰲拜前月餘，康熙便採納漢官建議，舉行隆重的太學祀孔活動。他以極為虔誠的心情，在宮中致齋數日後，在諸王大臣陪同下親往太學祭奠孔子牌位，行三跪九叩大禮，並至彝倫堂聽滿漢祭酒司業等講《易經》和《憶經》等精義。

康熙十六年（西元 1677 年）12 月，他還親製《日

講四書解義序》，進一步抬高孔子、孟子的地位和作用，將道統和治統完全整合起來，稱：「道統在是，治統亦在是矣。歷代賢哲之君，創業守成，莫不尊崇表章，講明斯道」，表明自己以儒家學說治理國家的決心。

康熙二十三年 11 月，他第一次南巡歸途經過山東曲阜，特地到孔廟祭奠孔子，行三跪九叩之禮，御書「萬世師表」匾額懸掛大成殿中，決定重修孔廟，樹立孔子廟碑，並親自撰寫碑文「以昭景行尊奉至意」。

這些崇孔活動及康熙從中表現出的至誠態度，無疑使漢族士大夫倍覺親切，甚至頗為感動。不僅是搞尊孔活動，康熙還採取了一系列尊崇儒學的實際舉措。

康熙親政以後，儀制員外郎王士禎等人再次請求恢復八股取士舊制，康熙便以「牢籠志士，驅策英才」為號召，滿足漢族士大夫的要求：「此後照元年以前定例，仍用八股文章考試。」這些舉措，對爭取漢族士大夫的支持發揮了重要作用。《清朝野史大觀》甚至有「自是以後，漢族始安，帝業始固」之說。

很明顯，大多數人的意願滿足了，你才能得到大多數人的擁護，你主持的大局才有了最穩定的基礎，這是個非常淺顯的大道理，卻需要用經天緯地的智慧去領悟。

5-3膽識和手段，是獲勝的兩個支撐點

> 一個人的膽識越大，手段越厲害，才能操縱局面穩上加穩；無膽乏識，則底氣不足，遇事必畏首畏尾，終致失敗。

從撤三藩的重大決策可以看出，康熙帝正因為具有過人的膽識，才使他強硬的手段一貫到底。

所謂「三藩」，指的是順治年間清廷派駐雲南、廣東和福建三地的平西王吳三桂、平南王尚可喜、靖南王耿繼茂及其子耿精忠。尚可喜、耿繼茂的父親耿仲明以及孔有德原來都是明將毛文龍的部下，明薊遼總督袁崇煥擅殺毛文龍後三人輾轉流徙，最後投降後金（清）。

順治十六年初，清廷根據經略大學士洪承疇的建議，命吳三桂駐鎮雲南，尚可喜、耿繼茂駐鎮廣東（次年耿改福建）。「三藩」的分駐為澈底消滅永曆政權及有效

抵禦鄭成功的進攻發揮了應有作用，但隨之而來產生了「三藩」擁兵自重、勢力惡性膨脹的問題。

除壟斷地方軍政大權外，「三藩」還在各處把持駐地財源，搜刮、魚肉當地人民。吳三桂不僅據有明永曆帝所居五華山故宮為藩府，而且將明代黔國公沐天波的莊田作為自己的藩莊，又圈占明代衛所軍田，將耕種這些土地的各族農民變為自己的佃戶，恢復明末各種苛重的租稅和徭役。

尚、耿二藩也是如此。他們於順治七年（西元 1650 年）11 月攻占廣州後，便創設「總店」負責徵收苛捐雜稅。

「三藩」勢力的不斷膨脹，必然加劇它與中央政府的矛盾，隨著統一大業的初步實現，這種矛盾關係變得日益尖銳。為消除「三藩」割據之患，康熙親政後不得不認真考慮撤藩問題。

實際上，在正武撤藩以前，清廷已開始採取限制措施，以達到逐步削減「三藩」權勢的目的。一是於康熙二年收回吳三桂的大將軍印以節制其權；二是於康熙四年和六年二次裁減雲南綠營兵額以削其勢；三是於康熙四年、六年申嚴藩下官員欺行霸市、與民爭利的禁令；

四是於康熙六年 5 月批准吳三桂以有眼疾辭去總管雲貴兩省事務的請求，並於次年趁其親信卞三元回旗養母之機，另派漢軍正藍旗人甘文任雲貴總管，並規定藩下人員不得任督撫等。

康熙鏟除鰲拜後，更加緊進行整頓財政，籌措經費；擴編佐領，加強訓練，以提高八旗軍隊的戰鬥力；採取緩和民族衝突和階級衝突的措施，以爭取民心等撤藩的準備工作。在康熙的努力下，撤藩之勢已成，只待有利時機。

在「三藩」之中，尚可喜是唯一一個願意告老歸鄉的人。他在順治十年就以四境已安、自己身體不好為由，請求回京調養。兩年後又再次請求將故明魯王虛懸地畝撥給耕種，或回遼東故地築居安插，但因當時廣東還沒有完全穩定下來，清廷沒有批准他的請求。康熙十二年初，尚可喜年屆七十，眼見朝廷對藩鎮疑心日重，便上疏請求帶兩佐領官兵為隨護，率藩下閒丁等二萬餘口歸老遼東；同時讓兒子之信襲其王爵，帶兵繼續鎮守廣東。清廷認真討論後作出了全藩撤離的決議。

吳、耿二藩聽到尚藩撤離的消息後大受震動。他們為了試探朝廷態度，消除清廷對他們的懷疑，也於同年 7

月初上疏請求撤藩。出乎吳三桂意料的是，康熙接奏後即表示同意，並令議政王大臣會議討論。

吳三桂等請求撤藩本是試探之舉，現在眼見永鎮雲南的幻想破滅，便決心以武力反叛清廷。康熙十二年 11 月 21 日，他集合藩下官兵，當場殺害拒絕從叛的雲南巡撫朱國治等人，扣留使臣折爾肯、傅達禮，發布反清檄文，自稱天下都招討兵馬大元帥，蓄髮易衣冠，標榜興復明朝，起兵反清。

康熙十二年底，吳三桂反叛的消息傳到北京後，舉朝震驚，不少人責怪倡議撤藩者輕議誤國，大學士索額圖更力主將倡議撤藩者正法以謝罪吳三桂。但康熙表現得十分冷靜，斷然否決索額圖等人的意見，積極布置平叛事宜。

為了將戰事控制在雲南、貴州、湖廣三省境內，康熙立即派前鋒統領碩岱、帶每佐領前鋒一名，兼程前往咽喉要地荊州（江陵）防守，並進踞常德，以固軍民之心，遏止叛軍北上。隨後派西安將軍瓦爾喀率騎兵馳赴四川，堅守自滇入川隘之地，等待接應進剿雲南大軍。授廣西巡撫孫延齡為撫蠻將軍，以線國安為都統，統兵固守廣西，牽制貴州叛軍。同時下令停撤耿、尚二藩，

召回使臣梁清標和陳一炳，以集中打擊吳三桂。

　　同年 12 月 27 日，康熙還發布一個政策性極強的詔書，聲討吳三桂背恩反叛的罪行，表示清廷武力平叛的決心，同時告誡雲貴兩省官兵百姓各自安分自保，不要聽信誘脅；已從賊者如能悔罪反正，既往不咎；家屬親友不加株連。並號召他們擒斬叛軍。

　　康熙為保證東南財賦供應，還注意到長江下游重鎮安慶的防務。為保護東南財賦之地，並防止吳、耿會師江西，康熙及時地加強了江南各地的軍事力量，除原有的江寧將軍額楚、杭州將軍圖喇及鎮海將軍王之鼎等人外，又任命一批將軍率兵鎮守各地。

　　與此同時，吳三桂也與清廷玩起了「和平」遊戲。4 月初，他放回朝廷使臣折爾肯和傅達禮，捎回表示願意和解的奏文。不久，達賴喇嘛也出面建議「裂土罷兵」。但康熙態度堅決，堅持認為對反叛之徒必須消滅。為澈底粉碎吳三桂要挾朝廷的幻想，康熙採納諸王大臣建議，於 4 月 13 日決定將吳三桂之子吳應熊及其子吳世霖處絞。吳三桂為此深感絕望。

　　康熙深知，要取得平叛戰爭的最終勝利，不僅要在政治上和心理上克敵致勝，更需要在軍事上壓倒敵人。

為此，他從 6 月到 9 月又陸續在湖南、浙江、四川、江南、廣東各路增派大將軍。各路大將軍的任命和出征，使平叛陣容大為改觀，不僅充實了兵力，也便於統一指揮，大大增強了穩定戰局、應付意外事變的能力，也為主動進攻、收復失地創造了條件。

早在平叛戰爭開始時，康熙就有招撫叛軍的想法，亦曾連降招撫專敕，但因收效不大而被忽視。王輔臣叛亂被平定後，康熙又開始重視「剿撫並用」的策略，並將其推廣到各個戰場。

第一個目標鎖定在福建耿精忠身上。康熙一向認為耿精忠叛亂不同於吳三桂，他沒有吳三桂那樣的野心，是個可以招撫的對象，為此在處死吳應熊父子時，並沒有處罰耿精忠在北京的諸兄弟，隨後還不斷派人前往招撫。康熙十五年夏秋之際，耿精忠因鄭經占據漳州等七府之地與鄭經發生尖銳衝突，加之耿軍軍餉匱乏，軍心渙散，清軍便乘機攻入福建，並很快收復延平（南平）等地。耿精忠無力再戰，被迫出降。康熙為了給其他叛軍樹立榜樣，並沒有處置耿精忠，而是讓他保留王爵，率部隨大軍征剿鄭經。結果，鄭經的軍隊很快被趕回臺灣，各地叛軍紛紛投誠，福建、浙江相繼平定。

駐守廣東的尚可喜，在吳三桂叛清後一直忠於清廷並被晉封親王，總管廣東事務，康熙十五年長子尚之信代理事務後，即在部將影響下叛附吳三桂。對此，康熙認為，尚之信勢力不強，吳三桂也不信任他，只要順利解決福建問題，尚之信不難招撫。為此他只令簡親王喇布進逼廣東，集中力量解決耿精忠的叛亂問題。同年10月，耿精忠降清並被保留原有王爵，尚之信遂在支持清廷的部下影響下，主動派人到簡親王喇布軍前請降。次年4月，尚之信率部降清，康熙命他襲封平南親王，下屬將領各復舊職；同時清軍進駐廣東，反叛將領紛紛投誠，廣東全境平定。

　　隨著陝西、福建、廣東叛亂問題相繼順利解決，康熙還將「剿撫並用」策略全面推行於湖廣、四川、雲南、貴州等省。只是隨著形勢的發展，這一策略的具體內容有所變化。如對投誠官兵的安排由原來的優升職級、不打散原編制改為軍官陛見候補，士兵或歸農，或補充綠營；招降的對象也集中在吳三桂手下的骨幹分子身上，並讓他們回到南方做內應工作。另外則是對降而復叛者從重懲處。

　　2月初一，康熙為「速定雲貴」，將進入四川的兩路

大軍合為一路，由將軍吳丹、鄂克濟哈與趙良棟一起進兵雲貴。3月下旬，趙良棟以雲貴總督身份提出由湖廣、廣西、四川三路同時進兵雲貴的建議，被康熙採納，並被授予便宜行事的權力。康熙二十年正月，大將軍賴塔從廣西進入雲南，並在2月分進逼雲南首府昆明。征南大將軍彰泰也率軍進到昆明附近。

在四川方面，康熙重新啟用王進寶、趙良棟等漢軍將領，並調換了指揮不力的滿洲將軍吳丹等人，很快取得明顯效果。從3月起，趙良棟先後收復被叛軍攻占的瀘州等地，並於7月追隨叛軍進入雲南，叛軍將領胡國柱戰敗自殺，馬寶投降，夏國相也在逃到廣南後投降。趙良棟即於9月進抵昆明。

趙良棟到達昆明後，鑑於清軍圍城久攻不下、糧餉供應出現困難的問題，建議就近速戰，同時要求改變過去將俘虜盡發旗下為奴的做法以瓦解其鬥志，獲得康熙的支持。10月，在清軍四面猛攻之下，叛軍大敗，吳世及其重要謀士郭壯圖等人被殺，餘眾獻城投降。歷時8年的平叛戰爭至此結束。

對於康熙領導的平定「三藩」叛亂及撤藩活動，我們應該有兩點明確的認識：

其一，藩鎮勢力的惡性發展及其以後的叛亂活動，是違背社會歷史發展趨勢的。因為當時國家統一局面已初步形成，人民經過長期戰亂之後渴望社會穩定，社會經濟急需恢復和發展。而「三藩」勢力的發展，不僅阻礙封建中央集權政治的發展和國家統一局面的穩固，而且不利於當時社會經濟的恢復發展。如藩鎮勢力對當地人民的橫徵暴斂，以及對當地人民生命財產的公開掠奪，不僅激化了社會衝突，也阻礙了當地社會經濟的發展。因此，康熙撤藩及對叛亂活動的堅決鎮壓，順應了社會歷史的發展，有利於鞏固國家統一局面的操縱和促進社會經濟發展，因而是值得充分肯定的。

其二，盡管康熙在撤藩的策略問題上有嚴重失誤之處，如簡單地以一紙通令將三藩並撤，進而使衝突過早激化，誘發了這場大規模叛亂活動的爆發，使國家和人民付出了相當大的代價。但康熙在撤藩問題上的認識明確、態度堅定，在平叛過程中表現出來的異常鎮定、果決，軍事部署方面的周密、高明，以及善後處理過程表現出的高度策略性，都充分展現了他作為一個傑出封建君主的操控才能，對平定叛亂以及最終解決「三藩」問題，起到了重要的作用。

5-4 了解真相才能決策正確

> 穩局之穩，建立在布局者決策正確的基礎之上，決策正確又以對事實的了解為前提，康熙以深入「基層」的方式了解真相，使他始終能穩穩地操縱全局。

通過嚴格立法約束官吏的行為，是整飭吏治的一個必要環節，但卻不是充分條件。因為任何立法都需要人來執行，因而人才是操縱穩局的關鍵因素。對此，康熙傾注了大量精力，除運用一般通用的考察辦法對官員進行考察外，尤其注重親自考察，並利用親近大臣密奏的辦法了解官員的真實情況。

當時通行的考察辦法有三種，即京察、大計和軍政。京察是考察京官的，6年舉行一次；大計考察京外官，3年舉行一次；軍政是考察武職官員的，5年舉行一次。屆

時，在京衙門三品以上官員，地方督撫及提督、總兵自陳功過，由吏部、都察院開列事實具奏候旨；下屬官員分別由京堂官、督撫、提督填注考語，造冊開送吏部和都察院考察分等。

有卓異、稱職、不謹、貪酷等別，然後按例升賞、留任或降革。以上考察形式，往往因人數眾多和人際關係等主客觀因素的影響而流於形式。

不過康熙時期對此有所修正，就是在大計、軍政之外另行「兩年舉劾」之制，由軍政長官舉劾下屬功過，分別獎懲；京堂官可以隨時對屬下甄別、指參。

康熙親察形式多種多樣。如在京各衙門建立注冊考核制度，規定部院官員因病因事不上衙門均需登記注冊，「以憑分別勤惰」。康熙通過隨時翻閱登記簿，就可以準確掌握官員的出勤情況，以備獎懲。如康熙 53 年 2 月，康熙發現翰林等官告假者竟至三分之二，隨即決定：「有告病回籍者，全行解職回家！」

對各省督撫等大吏的考察主要集中在他們赴任前的陛辭過程中。按照清代的規定，凡新任督撫提鎮等官，在正式就任前，非經特許，都要親自向皇帝辭行請訓。

陛見時，康熙往往還和他們共同研究當地的問題以

及前任官員的得失。通過這項儀式，康熙便可以熟悉這些官員的身體狀況、見識和能力，為以後進一步考察任用提供參考。

如康熙二十四年 2 月 13 日，新任漕運總督徐旭齡陛見，康熙與他研究了禁陋規、節冗費、整理官吏隊伍等問題。康熙知道徐任山東巡撫時居官清廉認真，故將他升任此職，勉勵他正己率屬、清除漕弊。

徐感激皇上的知遇之恩，提出了一套禁陋規、節冗費的計畫，受到康熙的稱讚和支持，他的計畫也得到批准。康熙還同即將赴任的廣東提督許貞研究緝捕盜賊問題。

許原為鄭成功部將，降清後授左都督，駐贛縣墾荒，耿精忠反叛時，他起兵剿賊，屢立戰功，授總兵，以驍勇善戰著稱。陛見中，許貞詳細分析了廣東盜賊情況，並提出合理建議，受到康熙的稱讚。許貞的才幹也自此為康熙所熟知。

康熙在批閱題疏時也注意考察官員。湖南巡撫韓世琦奉命採辦楠木，他卻上疏稱四川酉陽土產楠木合適，請求讓四川督撫辦理。不久他改任四川巡撫，又奏稱距酉陽路途遙遠，不便前往察看，請行交湖廣督撫就近察

看。康熙由此看出他辦事不認真，善於推諉，故令吏部嚴加議處，將其革職。

原任甘肅巡撫布喀，在陝西災荒時擅停寧夏等處濟運陝西之糧，而將西安所屬長武等州縣庫糧私行挽運，運糧遲延之責皆委之西安所屬官員。不久他調補陝西巡撫，又請令甘肅巡撫將寧夏糧挽運，遲慢之罪又卸委他人。康熙見他只圖個人功名利祿，不顧軍民生死，品德惡劣，特旨擬斬，監候秋後處決。

康熙還通過閱讀刑部秋審重囚檔案發現，其中文字錯誤處很多，斷定九卿複審存在流於形式的問題。他認為此類文書關係人命，一字一句地錯誤都不能容許，因而下令都察院嚴察議處。此外，對專事奉承、謬言事件、冗長浮泛的問題，康熙也都一一指出，嚴令改正。

康熙在巡視活動中也注意考察官吏。他一生巡視活動甚多，僅南巡就有 6 次之多。每次出巡，各有視河、謁陵、狩獵、避暑等具體目的，但周覽民情、察訪吏治則是經常性任務。如康熙八年（西元 1669 年）2 月巡行近畿時，康熙發現通州知州歐陽世逢及州同李正傑、副將唐文耀三人庸劣無力，俱令革職，並追究直隸督撫不早行參奏之責。

康熙二十三年首次南巡經過江蘇宿遷時，發現漕運總督邵甘問題不少，將其撤職，令隨旗行走。

康熙二十八年第二次南巡結束，康熙根據一路了解的情況，任免一批高階官吏，如漕運總督馬世濟以疾病原品退休，由兵部侍郎董訥接任；原河道總督勒輔實心任事，勞績昭然，復其原品；杭州副都統朱山庸劣解職等。

康熙四十六年第六次南巡中，了解到著名清官張伯行、陳鵬年等人受到兩江總督阿山迫害的真實情況。

通過出巡活動，康熙還發現，各省文武官員普遍存在因循怠玩的弊病，因此敕令各督撫提鎮等官，通行所屬，嚴加整頓。對於出巡訪民察吏的效果，康熙曾不無得意地說：「居官賢否，只有輿論反映最準。如果真是賢吏，詢問老百姓，百姓自然會交口稱讚；如果不是賢吏，詢問百姓，百姓必定會含糊其詞。官吏是否賢明，於此可以立即明白。」

康熙很重視親信密奏的作用，特別是在其後期，階級衝突和統治階級內部黨派之爭交織在一起，情況複雜，各級官吏很少據實上奏。康熙為掌握真實情況，便把密折視為特別耳目，親自批閱。開始時，密奏權只授予一

些親信大臣，如差遣到各地辦事的欽差，可專折密奏所見所聞，典型者如江寧織造李煦等人即是。後因發現派出欽差等人有在外為非作歹者，又給督撫密奏並擒拿歹徒之權。再後來大臣、總督、巡撫、提督、總兵等亦許密奏。

密奏方式確曾收到一定效果，查清一些通過正常管道難以查清的問題。康熙五十年江南科場案被公開披露後即發生督撫互參事件。江蘇巡撫張伯行疏參兩江總督噶禮與考官通同作弊，攬賣舉人，脅索銀兩，而噶禮則疏劾張伯行挾嫌誣陷、監斃人命等事，雙方互不相讓。加之主審案件的欽差張鵬翮等人圓滑世故，或拖延審察，或模棱兩可，致使情況愈審愈亂，無法處理。康熙便令蘇州織造李煦祕密調查奏報審案實情、江南群眾反映及噶禮、張伯行的具體情況等。根據李煦的如實反映，康熙了解到噶禮、張伯行所反映情況均有其事，只不過是雙方原有衝突，藉此相互傾軋而已，於是他親自作出處理：噶禮原來聲名就不好，加之有收取賄賂的行為，革職；張伯行素有清官之名，但辦事苛求並有一定過錯，革職留任。

但密奏也並不是絕對可靠，人們可以利用這種方式

反映真實情況，但也可以利用它隱惡揚善，巧取功名，甚至可以利用它誣陷他人，關鍵是對其進行認真鑑別和正確掌握，即如康熙所說：「密奏亦非易事，稍有忽略，即為所欺。」但它確實在某種程度上能反映客觀情況。

　　盡管康熙的做法有其歷史局限性，但他了解下情、了解實際的思路是正確的，就當時的條件來說，也發揮了應有的作用。

第 6 章

細局

專抓局部的關鍵之處

沒有重大變故，沒有大起大落，沒有生死存亡，這種情況下布局者宜從局部入手，摳細節、抓關鍵。古人說：「創業難，守業更難」，創業者風雲際會，身處時代的風口浪尖上，只要能操穩舵盤，就能控制全局。而守業主難，難在大事已定，小問題不斷，如果布局者沒有細心思、小手段，小問題就可能演變成大麻煩。

6-1 示之以明，懲之以威

有時候，必須用一些方法才能達到讓局面更穩妥的目的。布局者為了消除勢力集團的侵擾，要有一雙看穿是非的慧眼，讓對方感受到自己的威猛。

乾隆初政時，康熙第十六子莊親王允祿是輔政大臣，他的地位在王公親族中尤其顯赫，於是以他為中心逐漸形成了一個小型勢力集團。最初乾隆認為他們是「庸碌之輩」，不會有大作為，盡管允祿毫不顧忌地憑藉特權拉幫勾結，作威作福，但畢竟能力還是有限，對皇權也構不成大威脅，於是乾隆就睜一隻眼閉一隻眼地容忍他們。

到乾隆四年時，乾隆發現允祿他們竟成了小氣候。允祿和理親王弘晳（康熙時已廢的允礽之子）、火器營都統弘昇（恆親王允祺之子）、弘昌（怡親王允祥之子，貝勒）、弘晈（允祥之子，封寧郡王）、弘普（允祿之子，

貝子）等人互相趨奉，「私相交結，往來詭祕」。這時候，乾隆就不能不提高警惕了。他採取了積極措施來預防他們的陰謀，深恐「將來日甚一日，漸有尾大不掉之勢」。

弘昇在雍正朝獲罪被圈禁，後被放出在家思過。乾隆繼位後，施恩任命他為火器營都統之職，乾隆因此案訓他不感恩悔過，竟「思暗中結黨，巧為鑽營」。並斥責「弘昌秉性愚蠢」，自小不服管教，到處惹是生非；「弘晈乃毫無知識之人」，最嚴重的是弘晳，其「自以為舊日東宮嫡子，居心甚不可問」；而允祿「全無一毫實心為國效忠之處，惟務取悅於人，遇事模棱兩可，不肯承擔，唯恐於己稍有干涉」。這些人膽敢目無國法君王，「結黨鑽營」、「不守本分」、「飲食宴樂」，乾隆認為他們已經企圖覬覦皇權，圖謀不軌了。

為了確保皇權處在更有利的地位上，乾隆大帝採取了「製造罪名，防範出禍」的措施。於是，弘昇首先被以「挑動事端，使我宗室不睦」為罪名逮捕，交宗人府審問，再進一步做調查。緊接著，允祿被以「結黨營私罪」革去親王雙俸、議政大臣和理藩院尚書職務，保留親王封號；弘昌、弘普分別被革去貝勒、貝子封號。

這幾個人的罪狀均籠統含糊，未指明實事。只有弘

皙問題較大，竟在王府內仿照國制，設置會計、掌儀等司，並曾多次請巫師降神，問不該問之事，如「準噶爾能否到京，天下太平與否，皇上壽算如何，將來我還升騰與否？」這表明，弘皙還有企圖奪位的大逆之罪。弘皙最後被乾隆永遠圈禁在景山東果園，與他一起圈禁的還有弘昇。

仔細探究允祿、弘皙案，可以發現，乾隆之所以尤其對弘皙不能容忍，其原因就是他和乾隆一樣，從小聰慧過人，都得到過康熙的寵愛，當時就有人猜康熙因弘皙之故，可能恢復允礽為太子。弘皙與乾隆一樣被皇祖撫養於宮中，並且時間比乾隆更長，自然就是乾隆的競爭者，故乾隆對他尤其不滿了。並且弘皙府中的體制和服飾在一定程度上是得到雍正特許的，即是可以超過一般王公的，然而這也成了他獲罪的一條重要原因。可見乾隆的目的是一定要除掉這支漸成氣候的政治勢力，而挖空心思製造罪名，以儆效尤。

在對待宗親的問題上，乾隆頗會玩弄權術，既懲戒了親貴，又維護了自己的好名聲。一次，和親王弘晝與莊親王允祿、履親王允祹、慎郡王允禧、順承郡王泰斐英阿等奉命盤查倉庫，這本來是例行公事，這些王爺們

馬馬虎虎，敷衍了事，想不到皇帝卻藉此做文章，責他們「未能盡心」，要議他們的罪。宗人府哪敢得罪這些鳳子龍孫，只能建議革除他們所兼的都統或者罰除都統俸餉，請皇帝在兩種處分中任擇其一。

乾隆很不高興，指責宗人府「兩議請旨，故意嘗試，甚屬取巧，如此瞻徇，豈受其請託耶？抑借以傾陷耶？」將宗人府王公嚴加議處。然後又命都察院嚴查議處。

都察院的官吏們接到這一個棘手的案件，同樣也是戰戰兢兢，不知道皇帝的葫蘆裡賣的是什麼藥，只得從嚴議處，革去上述宗室的王爵。不料乾隆又大發脾氣，說：「王公等非干大故，從無革去王爵、降為庶人之理，都察院果以此議當乎？否乎？……明知朕必不革去兩親王、兩郡王，而故如此立義，以為可以立身無過，而於朝廷之體制、事理之當然，概不之論，是豈大臣實心敬事之道？……乃諸臣議事，一不衷之於理，非以嘗試取巧，則以從重而恩出自上，為自全之術，無以實心為國家任事者，朕將奚望，亦甚自慚。」

結果，這些王爺們被罰俸一年，而都察院官員們都被革職留任。乾隆大帝的心機高深莫測，這無非要王爺們知道：自己擁有絕對權威，對任何人可以生殺予奪。

同時也告誡百官們：即使皇親國戚，也必須依法處理，既不許徇情包庇，也不許故意重處，把罪過和處理的責任都推到皇帝的身上。

　　乾隆御弟弘瞻在遭到懲戒後，「閉門謝客，抑鬱生疾」，乾隆親赴探視。弘瞻在被衾中叩首謝罪，乾隆大帝竟也被手足之情感動得嗚咽失聲，拉著弘瞻的手說：「只因你年少而稍加斥責，哪知道竟使你得這麼重的病。」並馬上恢復了弘瞻的爵位。只是為時已晚，不久弘瞻便一命歸天了。由此來看，此中雖有乾隆的後悔之意，但也不能說當初就沒有一點小權術摻雜於親情之中。

　　在弘瞻死後，乾隆又親臨其殯所賜奠，可謂弄權有術，所有臣子親族不過是其手中的卒子罷了。

　　乾隆時期，清朝專制統治已到了登峰造極的境界。乾隆曾說「我朝綱紀肅清，皇祖皇考至朕躬百餘年來，皆親攬庶務，大權在握，威福之柄，皆不讓臣下，實無大臣敢於操竊」。他的話確是事實。他將皇權把握得密不透風，連一點縫隙端都容不得，自然能夠乾綱獨斷了。

　　在清朝歷史上，自從乾隆把親貴宗室斥於權力之外以後，此後一百多年再沒發生過皇族內部的重大衝突和矛盾，這也算是成效。

6-2 養才智為我所用

得才者，得大局。「拜天下名儒為我師，植我情誼，富我所學，修我身心，用之而益天下。」這是乾隆常說的一句話；「靠文才去樂育人才」也是乾隆常說的一句話，可見這位「才智皇帝」果然名不虛傳。

乾隆在位時期，特別喜歡到政治和經濟重地江浙去視察，也就是南巡。南巡自然是有其多重企圖的，一是考察民情，二是檢視吏治，三是體驗自己在民眾中受歡迎、受擁戴的程度。在這後面一條中，尤其是爭取江南士紳和文人的支持與愛戴是南巡的一個重要目的。

每次南巡，乾隆大帝總是多方面地籠絡江南士大夫，這是因為江南多出才子，並且江浙一帶也是文化極其發達的地區。在乾隆皇帝編輯《四庫全書》時，江浙一帶的士子就獻出大批珍貴的圖書文集。其中獻書最多的人

就有浙江的鮑士恭、范懋柱、汪啟淑和江蘇的馬裕四個人，他們每人各獻書五百或七百多種，為表彰他們，乾隆大帝賞給他們珍貴的《古今圖書集成》各一部。

在這次獻書活動中，貢獻一百種以上的人還有江蘇的周厚、蔣曾，浙江的吳玉墀、孫仰曾、汪汝等人。乾隆皇帝也賞給他們《佩文韻府》各一部，以示鼓勵。

乾隆四十五年，乾隆大帝第五次南巡不久，《四庫全書》編成，到了他第六次南巡時，便下令將三套《四庫全書》分別藏於揚州的文匯閣、鎮江的文宗閣和杭州的文瀾閣，供江南文士閱讀使用。

為使士子們真正能看到此書，乾隆皇帝還特別命令地方官不得拒絕士子們借出「觀摩謄錄」。不能讓《四庫全書》「徒為插駕之供」，「以副朕樂育人才，稽古右文之意」。這樣做，自然讓江南士子們深感皇恩無邊，從心理和思想上認同他的統治。

在南巡中，對於休致或因故居家的沿途文武官員，乾隆皇帝大都根據具體情況或重新起用，或進行嘉獎。第一次南巡時，就下諭起用浙江人陳世倌復為大學士，原禮部侍郎沈德潛按原官賞給本俸，原被革職的提督楊凱被補授為河南河北鎮總兵。

凡是在南巡途中獻詩的文人學士，乾隆大帝都規定通過考試來授予官職和科舉功名。因為江蘇、安徽、浙江三省的文人在朝廷做官的人太多，不得不採取「應試之人多而入學則有定額」的辦法來限制，現在因為獻詩，乾隆大帝又特命適當擴大這裡的錄取名額。

乾隆皇帝還參觀書院，頒賜書籍。還開辦了特別加恩加試的科舉考試，稱為恩科。在南巡恩科中，乾隆皇帝出的試題比較靈活。如當時浙江海塘需要修築，乾隆皇帝便以《海塘得失策》以試題，不僅是考詩文功夫，而且也考經濟對策。

在第二次南巡時，江蘇、安徽兩省進獻詩文的人經過恩科考試，列為一等的王昶已中了進士，被乾隆皇帝授為內閣中書；另有曹仁虎、韋謙恒、吳省欽、褚廷璋、吳寬、徐曰璉特賜為舉人，授予內閣中書學習行走；列為二等的劉潢等十四人各賞給緞二匹，以示鼓勵。

在江浙之中，乾隆皇帝最為推崇的文人就是以詩文著稱的沈德潛和錢陳群。作為至尊天子，乾隆皇帝並不羞於與文人墨客為伍，為了寫詩，也常找詩友聯句唱和，所以，他和詩人的關係一直很密切。尤其是沈德潛，乾隆皇帝早年就很讚賞他，說：「德潛早以詩鳴，非時輩所

能及。頻年與之論詩，名實信相副。」還戲稱沈德潛為「江南老名士」。沈德潛以詩發跡，官至禮部尚書，辭官回籍時，乾隆皇帝賜給他人蔘，並賦詩褒獎。

另有浙江人錢陳群。在乾隆南巡時，錢陳群於吳江迎駕獻詩，後來官至刑部侍郎，他的兒子也被賜為舉人。乾隆皇帝每年都寫上百篇詩寄給錢陳群唱和，並誇讚說：「陳群深於詩學，書法亦蒼老。家居以後，每歲錄寄御製詩百餘篇，命之和，陳群既和韻，並寫冊頁以進。」

對沈、錢二人，乾隆皇帝詩曰：「東南有二老，曰錢沈則繼。並以受恩眷，佳話藝林志⋯⋯」

看到乾隆大帝如此優容士人，江南的士子文人「群黎十庶，踴躍趨近，就瞻前恐後，紳士以文字獻頌者載道接踵」。盡管時隔二、三百年，這種競相向皇上獻詩作應景詩文的情狀，現在想來確是別有趣味，體現了封建文人的可憐相。

由於江浙一帶一直是明朝遺民活動的中心，所以為了緩和清朝統治者與漢族士子之間的衝突，乾隆皇帝在南巡時，只要是御道30里以內的歷代名人、名臣祠墓，就親往祭祀或者是遣官致祭。乾隆皇帝四次到明孝陵朱元璋墓前祭奠，還傳諭地方政府對陵墓加以保護，並為

明孝陵題寫匾聯:「開基定制。戡亂安民得統正還符漢祖,立綱陳紀遺模遠更勝唐宗。」

明孝陵乃是漢族士人的精神寄託,乾隆皇帝不計前嫌,對明陵如此禮遇,自然會得到漢族士人的擁護和嘆讚。其實雍正朝時期,雍正帝對此已有明確表態,要保護明陵。在南巡中,受到乾隆皇帝祭祀的人還有范仲淹、岳飛、方孝孺、于謙等多位名臣名將。在岳飛祠堂,乾隆皇帝親題「偉烈純忠」四字匾額,並寫《岳武穆墓》詩:

讀史常思忠孝誠,重瞻宰樹拱侍城。

莫須有獄何須恨,義所重人死所輕。

梓里秋風還憶昨,石門古月鎮如生。

夜臺猶切偏安憤,相對餘杭氣未平。

詩中讚頌岳飛精忠報國的精神,並通過這些祭奠活動,增強大清漢族官員們精忠報國的思想觀念。

乾隆皇帝加恩於江南文人士子,並親往明陵祭奠等行動,使江南人民無不感到皇帝開明,皇恩浩蕩,因而盡忠盡力於大清國。這是乾隆善養才智的重要手段之一。

6-3 束下以嚴，督下以勤

因循守舊是一些人的陋習，因為它缺乏創新故不能促進局面的進一步發展。布局者對此須有高度的警惕性，在看清真相的基礎上，以嚴束下，以勤督下，使局中人保持必要的生機與活力。

作為一位年輕的皇帝，乾隆在變幻莫測的官僚政治漩渦中總攬王權，在位 63 年，除了他，沒有誰可以專權獨治，威脅皇位安危，沒有後宮作祟，沒有宗室內訌，沒有皇子爭位，沒有朋黨聚結亂政，我們來看一看乾隆到底是怎樣操縱自己的手腕，遊刃於盤根錯節的政治關係之中呢？

盡管乾隆繼位後在政治方針採取了寬仁的一面，為了政治安定的考慮，他昭雪、平反、安頓了不少皇親國戚、親王宗室，但封建專制制度畢竟是殘酷的。在政治

權力上，作為一名封建君王，乾隆大帝為了鞏固自己的統治地位不受絲毫影響，他深深懂得「欲治天下，先治內宮」的道理。這是因為：保壘是最容易從內部被攻破的。把大量精力用於應付「窩裡鬥」，那還叫什麼君臨天下的「人主」或「君王」？於是，乾隆採取了「整頓機制，施政有綱」這一策略。

康熙、雍正都曾從匡正制度入手，大力整頓吏治。乾隆要勵精圖治，也必須大刀闊斧地整飭吏治。他沒有去改革既有的官僚機構，而是針對中央九卿、科道和各省督撫、地方府縣衙門存在的不同問題，從封建官吏職責的角度，有針對性地提出整治要求。

對於中央九卿狀況，乾隆有個基本估計。乾隆六年3月，他說：「朕就近日九卿風氣論之。大抵謹慎自守之意多，而勇往任事之意少」。所謂謹慎自守，實即不求有功，但求無過的無所作為習氣。其通常表現之一是懶散。

乾隆十一年3月某日，乾隆發現，應召在乾清門等候奏事的九卿，「有因等候稍久而以勞苦含怒者」，甚至「竟不候而歸」。他惱火地斥責說：「朕機務維勤，不敢暇逸，而大臣則已退食自公，優遊閒適矣！……諸臣思之，當愧於心也」。

其表現之二是因循推諉。乾隆說：「朕聞近來各部院辦理，因循成習。每遇難辦之事，即互相推諉，文移往返，動往歲月。迨夫限期已滿，則潦草完結，以避參議。至於易結之事，又復稽延時日，及至限滿，則苟且詭行，以期結案」。

這種無所作為習氣，與乾隆勵精圖治的抱負和雷厲風行的作風，格格不人。

乾隆七年 3 月清明節，乾隆在勤政殿對九卿說：「近來九卿大臣，朕實灼見其無作奸犯科之人，亦無聞有作奸犯科之事。然所謂公忠體國，克盡大臣之職者，則未可以易數也。不過早人衙署，辦理稿案，歸至家中，閉戶不見一客，以此為安靜守分，其自為謀則得矣！……至於外而督撫，內而九卿，朕之股肱心膂也。萬方億兆，皆吾赤子。其為朕教養此赤子者，朕非爾等是賴，其將奚賴？今爾等惟以循例辦稿為供職，並無深謀遠慮為國家根本之計，安所謂大臣者歟！如僅循例辦稿已也，則一老吏能之」。

乾隆話很嚴厲，也很中肯。作為乾隆股肱，九卿大臣不能僅滿足於不作奸犯科，更不能把自己混同於老吏，以入署辦稿為供職，應深謀遠慮國家大計，有所建樹。

科道、御史承擔著監察職責。乾隆說：「夫言官之設，本以繩愆糾謬，激濁清揚。朝廷之得失，民生之利病，無不可剴切敷陳。內而廷臣，外而督撫，果有貪劣奸邪實據，指名彈劾，亦足表見風裁」。但實際上科道御史並未盡責。

乾隆四年（西元 1739 年），乾隆就指出：「近來科道官員，條陳甚少，即有一、二奏事者，亦皆非切當之務……嗣後各精白乃心，公直自矢，毋蹈緘默陋習」。此後，緘默之風雖有所改變，卻又轉而「摭拾浮器」，以浮言為依據，抓住末節問題作文章，「徒事懷私窺伺」。

乾隆認為，言官不能履行職責，關鍵在於素質低。要改變這種狀況，言官選拔就應慎重。原來，御史由各部院堂揀選司員保薦，然後由吏部引見，皇帝簡命。乾隆認為這個辦法有其局限性，「各堂官保送，皆就伊等所見舉出。統計一衙門官員，不過十之一二，其餘眾員，朕未經遍覽，此中或可任科道而不在保送之列，亦未可定」。因此，乾隆三年（西元 1738 年）時，就改為「例應選翰林部屬等官，一概通行引見」，擴大了選拔對象。但選拔對象太多，皇帝又難以一一考察。直至乾隆十一年 10 月，降旨恢復九卿保薦法，但須經請旨考試後，引

見候皇帝簡命。

　　督撫是封疆大臣，身繫一方之國計民生重任。乾隆對督撫的重視，不下於九卿。他說：「九卿督撫，皆朕股肱大臣，國計民生均有攸賴」。他要求督撫居官首先要忠於職守，盡心盡責，「處官事如家事」，「若當官而存苟且之心，將百事皆從廢弛矣」。乾隆八年11月，他聽說巡撫雅爾圖「官署鞠為茂草」，湖南巡撫許容以文書廢紙糊窗，甚是惱火，認為事雖細，但說明二人「其心不在官」，遂降旨切責，「此即孫樵所謂以家為傳舍，醉濃飽鮮，笑而秩終」。乾隆說，督撫有封疆之寄，主要職責是督察屬官：「從來為政之道，安民必先察吏。是以督撫膺封疆之重寄者，舍察吏無以為安民之本……夫用人之柄，操之於朕，而察吏之責，則不得不委之督撫」。

　　乾隆的話是精闢的。他以「察吏」為「安民」根本，視作封疆大臣首責，也就是從抓各級行政官員入手，抓國家的治理，進而抓住了政治管理的核心環節。他還告誡各地督撫，不要在法令上多做文章，要把督察屬員工作認真抓起來：「（督撫）其有一、二號稱任事者，又徒事申教令，務勾稽，而無當於明作有功之實效，是但知求之於民，而未知求之於治民之吏也。……古稱監司

擇守令，一邑得人則一邑治，一郡得人則一郡治。督撫有表率封疆之任，不在多設科條，紛擾百姓，惟在督察屬員，令其就現在舉行之事，因地制宜，務以實心行實政」。

從此不難看出，關於法令、官吏和社會安定三者之間的關係，乾隆強調的是官吏的主導作用。他認為，如果一味更張法令，那就是「但知求之於民」，即只知道要百姓遵守這樣或那樣的法令，其結果只會紛擾百姓，搞得雞犬不寧。地方治績如何，不在法令，而在官吏人選，得人則治，任用非人則不治。乾隆如此強調地方官賢與不肖對社會治亂的作用，反對督撫們更張法令，有客觀社會因素，也有主觀原因。清王朝延續至乾隆時期，封建經濟與政治體制已定型成套，以改科條為名，行擾民之實，的確不可不防。而作為封建帝王，乾隆又十分自信自己的雄才大略。在他看來，當臣子的只要「仰遵聖意」，照章辦事，就可以達到治國平天下的目的。因此，與歷代帝王一樣，乾隆強調的也是人治。

乾隆對整個後宮的管束也比較嚴格，規定皇后只能管理六宮之事，不得干預外廷政事。他還用歷史上著名有德行的后妃為例，作「宮訓圖」十二幀，每到年節就

在後宮張掛，作為百妃們的榜樣。其中有「徐妃直諫」、「曹后重農」、「樊姬諫獵」、「馬后練衣」、「西陵教蠶」等等。在宮中舉行宴席時，乾隆大帝還讓后妃們以「宮訓圖」之中的人物為內容，聯句賦詩。后妃的娘家中人雖不時蒙得賞賜，也不乏高官顯宦，但都不敢過於弄權。

乾隆大帝還有一個禁止宦官縱權的措施，就是讓凡是當差奏事的宦官，一律都要改姓為王。這樣一來，外廷官員就難以分辨仔細，避免了他們之間的相互勾結亂政。如果發現太監們胡作非為，定處不饒，有個太監是乾隆的貼身侍奉，因對乾隆說了幾句有關外廷官員是非的話，乾隆馬上命令將其處死。乾隆還發諭旨說：凡內監在外邊滋擾生事者，外廷官員可以隨時處置行罰。

宮中有個叫鄭愛桂的太監，經常在乾隆耳邊讚揚刑部尚書張照，貶斥戶部尚書梁詩正，說他「太冷」。乾隆討厭太監干政，並洞燭其真偽。事實終於弄清，原來張照捨得花銀兩，破費錢財結交太監，而梁詩正卻廉潔自持，不善於籠絡太監，所以鄭愛桂「喜張而惡梁」。乾隆得知了真相，寫詩稱讚梁詩正說：「持身恪且勤，居家儉而省。內廷行最久，交接一以屏。不似張揮霍，故率稱其冷。翻以是嘉之，吾豈蔽近幸。」為此，乾隆大帝毫不

客氣地懲治了鄭愛桂，並降旨要宦官們引以為戒。

　　還有一個在御前聽差的太監，被乾隆直呼為「秦趙高」。其實上這個太監也沒有做下什麼大逆不道、弄權使壞的事，乾隆大帝之所以這樣稱呼他，只是為了向他示警，不要向趙高學習，要安守本分。正是由於乾隆對太監管束嚴格，清朝再也沒有出現像明朝那樣太監亂政之事了。

　　為維護皇權，乾隆改革和完善了各種制度，使太后、兄弟、叔父、外戚、太監等均受到約束和牽制，把皇權鞏固到無以復加的地步。乾隆七十古稀時還說：「且前代所以亡國者，曰強藩、曰外患、曰權臣、曰外戚、曰女謁、曰宦寺、曰奸臣、曰佞幸，今皆無一彷彿者。」

　　這一個成就的取得，與康熙、雍正逐實加強皇權有很大關係，而乾隆善於把握順局也是一個不可或缺的因素。

6-4 自己退一步，讓下屬進兩步

主局者大多動不動就毫無節制地役使民力，為了一己一時之私，讓大多數人受盡苦楚。相反，如果能自己退一步，眾人得到的就是進兩步的實惠，布順局者對此不能不察。

　　乾隆即位十多年後，當百廢俱興，政通人和之時，他大概是在皇宮裡待得過久了，總想到處走走，而下江南，則是他最為喜愛的一件事。他是怎麼下江南的呢？

　　首次南巡之令，乾隆在乾隆十四年就已下達，而直到乾隆十六年才成行。乾隆皇帝執政這麼久才想起南巡，其中也是自有一番道理的。乾隆剛執政時就有苗州之亂，宗室內也積存著衝突、朋黨營私等與新政不協調的種種隱患。可以說，那時候政權仍不是很穩定，人心向背也不清晰，還沒有雄厚的經濟資本和所創下的輝煌政績，

在當時的情況下南巡，根基還是薄了點。

而在經過十幾年孜孜不倦地治理之後，乾隆皇帝認為自己已成功地緩和了統治階級內部的衝突，掃清了皇權周圍的障礙，西南苗疆已被平定，大小金川亦被征服，並且國庫內的帑銀儲備豐裕，足以滿足自己南巡之用。於是，乾隆皇帝便決定巡幸江浙，以「問俗觀風」為由來達到自己南巡的願望。

第一次南巡的籌備幾乎用了兩年的時間，雖然乾隆皇帝多次下諭，責令群臣不得鋪張浪費，擾亂民間，但是，如此大規模的行動所耗費的物資之巨，是可以想像得到的，難怪下臣們反對皇上下江南，這是因為皇帝一旦決定下江南，他們就不可能不安排得排場些，否則說不定會怎樣獲罪呢！

乾隆十五年，首次南巡尚在籌備之中，就有河南道御史錢琦上奏，說江南總督黃廷桂「令鋪設備極華靡，器用備極精緻，多者用至千金，少亦五、六百金，且有隨從員役任意勒索，該督復差員往查，唯恐稍有簡略。」據錢琦奏報：家居蘇州的刑部員外郎蔣楫，竟「獨力指辦，御蹕臨幸大路，計費白金三十餘萬兩，親自督工，晝夜不倦」。僅蘇州修御路即用銀 30 萬兩。而南巡來回

5千8百里路程需要多少銀兩，而且修築行宮、徵用馬匹車輛船隻、各省預備飯食蔬菜又要花去多少白銀，這自然又是個驚人的數目。

乾隆皇帝首次南巡帶了一大批人馬，從京城經直隸和山東到江蘇，渡黃河，再乘船南下，經揚州、鎮江、丹陽、常州到蘇州。一路上御道要求平整、堅實、筆直，凡是有石板、石橋的，需撒黃土舖陳，水道中則要有豪華舒適的船隻乘坐，沿途建造無數風格各異、小巧別致的小亭子，幾十處氣派的行宮，以供賞玩住宿。

南巡的奢華浪費本不是乾隆所求，南巡前乾隆皇帝曾指示各地官吏從簡辦理，不得騷擾百姓。他說：「所在行宮，與其遠購珍奇，不玩好，不如明窗淨几，灑掃潔除，足供住宿之適也。經過道路，與其張燈懸彩，徒侈美觀，不若蔽屋茅簷，桑麻在望，足覘盈寧之象也。」竹籬茅舍，開軒桑麻在望的景象自然也有趣味，但在趨奉的下臣們那裡是不願做、不敢做的，大家都想竭力把皇帝伺候等更好一些，為此不遺餘力，奢華幾乎是不可避免的。此外，乾隆皇帝還要求各地督撫不得向隨從皇帝出巡的官員饋送錢禮，隨從的兵丁也不得騷擾百姓。這一點，倒是相對容易做到一些。

為了讓手下官員不至於浪費民力，乾隆皇帝還屢諭軍機大臣說：「清蹕何至，除道供應，有司不必過費周章。」又說：「至川原林麓，民間塚墓所在，安厝已久，不過附近道旁，於輦路經由無礙，不得令其移徙。」乾隆皇帝為了不勞累百姓，連老百姓的祖墳是否遷移這樣細微的民間小事都能想得到，其愛民之心也非虛擬。

　　皇帝出行，自然要用氣派的龍船乘坐，但是，當臣子奏報說御道中有些河道狹窄，要想通過就得拆去幾十座石橋。這樣豈不是勞民傷財？

　　乾隆皇帝聞知為此，馬上下諭說：「朕初次南巡，禹陵近在百餘里之內，不躬親展奠，無以申崇仰先聖之素志。向導及地方官拘泥而不知權宜辦理之道，鰓鰓以水道不容巨艦、旱地難立營盤為慮，若如此，所議拆橋數十座，即使於回鑾之後，——官為修理，其費甚巨，且不免重勞民力，豈朕省方觀民本意耶？」

　　其原擬安立營盤二處，著於此處造大船一艘，專備晚間住宿，不必於旱路安營，既避潮濕，且免隨行人眾踐踏春花之患。朕在宮中，及由高梁橋至金海，常御小船，寬不過數尺，長不過丈餘，平橋皆可往度，最為便捷。越中河路既窄，日間乘用，俱當駕駛小船，石橋概

不必拆毀。

在這裡也想出了個妥善的辦法，即用小船。他之所以用大船，原是以免隨從踏壞莊稼，既如此，為了避免拆橋，只有改乘寬不過數尺，長不過丈餘的小船了。這個辦法既可以不拆橋，又能省錢，把乾隆皇帝不注重個人享受，力求節省民力的明君形象表現出來了。

為了避免南巡期間影響河運，乾隆還准許地方政府採取一些適當的措施來保證日常運營。鎮江等南北航運樞紐，百貨雲集，船隻往來不斷，如果在御舟未至，就早早地把各地往來商船攔截，勢必會引起商人集聚，貨物也運不到所需的地方，導致市場價格上漲。於是，乾隆大帝允許各地在御舟抵達前三、兩天內，把商船避入支港，等御舟過後，馬上放行。

除了第一次南巡時對百姓有所滋擾外，乾隆皇帝其他幾次南巡總的來說對百姓的滋擾並不算太大。為了不讓官府以辦差為名搜刮百姓錢糧，乾隆皇帝鼓勵官府動員當地商人操辦差務，這樣商人出錢雇傭民夫，還可以增加百姓收入，而官府也不能藉機斂財，損害天子「聖德」。在選擇南巡時間時，乾隆皇帝也能夠注意避開農忙之日，盡量做到不影響當地百姓的日常生產與生活。

為使百姓們能瞻仰天顏，以慕聖恩，滿足百姓的要求和願望，乾隆皇帝還開明地降諭，允許沿途百姓觀望。他對此說：「人煙輻輳之所，瞻仰者既足慰望幸之忱，而朕亦得因而見閭閻風俗之盛。」接著就命令地方官：只要道路寬廣，就不許禁止百姓觀瞻，以免阻塞庶民愛君的誠意。在百姓擁擠著爭觀天顏時，乾隆皇帝不厭其煩地向他們點頭微笑，還說自己看到百姓們爭呼萬歲的熱烈情景，就不忍心進船而讓百姓們敬愛之心失望。所以在旅途中，盡管天氣有時寒冷，乾隆皇帝也不避於船中。

　　在南巡回途中，乾隆十六年乾隆大帝看到很多景觀均為新建，便下諭說：「雖謂巷舞衢歌，輿情其樂，而以旬日經營，僅供途次一覽，實覺過於勞費且耳目之誤，徒增喧聒，朕心深所不取。」

　　在第三次南巡途中，乾隆也下諭道：「今自渡淮而南，凡所經過，悉多重加修建，意有竟勝。即如浙江之龍井，山水自佳，又何必更興土木，雖成事不說，而似此踵身增華，伊於何底？轉非朕稽有時巡本意，目河工海塘為東南民生攸關，朕廑懷宵旰。」乾隆皇帝竭力要求簡樸，反對奢侈之風，但在南巡途中各地競相把迎駕場面辦得華麗壯觀，無奈之中，也只能對此風氣屢下諭

批評。

　歷次南巡，乾隆皇帝都特別注意不驚擾百姓，慮事周詳，總是盡可能地考慮所有因素，使既能達到南巡的政治目的，又可以得到百姓的讚頌。

　以史為鏡，我們看到隋煬帝也曾多次南巡，他進一步讓天下人為他付出退兩步的代價，所以導致到亡了國；而乾隆的南巡卻成為天下美談，不能不說是他的順局方略發揮了作用。

第 7 章

順局

明察秋毫方能進退有序

當你有實力擁有絕對的主動權，並且形勢順利、局面平穩之時，你的布局可如行雲流水，隨意揮灑。但是且慢，順局容易使人飄飄然，容易讓表象蒙蔽雙眼，容易讓人進退處置因此而失措。順局的形成多是因為前人為此打下了良好的基礎，正因為有這樣一個雄厚的基礎，除非胡作非為，順局不會輕易變成逆局，但想百尺竿頭更進一步，把順局布成一盤大勝局亦絕非易事。所以能做到這點的人便是布局者中的翹楚。

7-1 切忌才識平庸自守

用人之難，難在知人。僅憑一面之交只能獲得粗淺印象，不妨制定考核人才的辦法。

乾隆認為才識平庸自守，是為官無能的表現。於是，乾隆採取了「考核人才，各取所長」的策略，並對考核人才制定了一套自己的辦法。

乾隆知道，引見考核人才，僅憑其人之容貌形象與臨時之神情應對，只能獲一粗淺印象。有一次，吏部引見新任武昌同知王文裕時，他見王文裕相貌堂堂，回答提問聲音洪亮，覺得這是個可以造就的人才，就在其名字下面寫了個「府」字，意思是此人可任知府。正巧幾天後，吏部請求任命安陸府知府，乾隆想起此事，就任命了王文裕。可是後來乾隆發現王文裕的同知官是花錢捐的，並沒有赴任，他根本就無為官的經驗。乾隆皇帝

雖然心中十分後悔，但君無戲言，已不能改變了。只好急忙傳諭湖廣總督塞楞額和湖北巡撫彭樹葵對王文裕留心察看，斟酌奏聞，如果不行，還是仍授同知官為好。雖然如此，乾隆皇帝還是認為通過引見考核人才不失為一個好方法，他自信地說：「人才大概，差無遁形，自臨御至今四十一年，簡閱已多，亦頗十中八九。」

　　為重視人才，同時又防止濫竽充數之人混入幹部隊伍，所以乾隆大帝不但對高階官吏嚴加審定，對於一些低階官吏也留心考察。按清代官制，每三年要對官吏考核一次，京城官員的考核稱為「京察」，外地官員的考核稱為「大計」。每到這時候都要免職和降職一些不合格的官員，比如那些品行不好的、懶散的、辦事不力的、心浮氣躁的、年老的、有病的官員等等。

　　特別是對年老的官吏，乾隆更重視考察，擔心他們倚老賣老，或者昏老無為。他要求官員要選擇「年力精壯，心地明白」的人做官，並且還對那些因年老而故意隱瞞自己年齡的大臣給予重處。乾隆大帝規定部員屬官50歲以上的人都要詳細考察；京官二、三品，年齡在65歲以上的要親自考核，決定是否繼續任用。對於文官中的知縣和武官中的總兵年齡限制比較嚴格，乾隆大帝認

為知縣是地方的父母官，「一切刑名、錢役經手事件，均關緊要」，所以不能讓年老力衰的人充塞其中。據乾隆十年的統計，奉天、湖北、河南、山東、山西、陝西、甘肅、四川、貴州等 9 個省中「年老」官員有 30 名，「有疾」官員 22 名，「不謹」官員 29 名，「疲軟」官員 11 名，「才力不支」官員 24 名，「浮躁」官員 9 名，均被列入淘汰的名單。

用「京察」和「大計」來考察官員，日久已成為一種表面形式。乾隆大帝對此很不放心，便沿用了雍正時期的辦法，輪流引見文職知縣以上、武職守備以上的官員。往往在一天之內不厭其煩地召見百餘名地方官員，召見時還用硃筆記載自己的想法、意見，寫出評語，以便隨時任用升遷和降級。他說：「每於引見時必執筆標記，詳視熟察，雖有礙於觀瞻而不顧者，即為知人其難一句！」這表明他對任免官員的高度謹慎。這種引見官吏記載的做法，一直是乾隆識別官員最直接的途徑。為此，他還說道：「記名道府，用硃筆記載，乃皇考世宗憲皇帝留意人才，以便隨時錄用，實屬法良意美，所當永遠遵守。」

乾隆大帝對官員的評價很多，在《清實錄》中也有許多乾隆引見官員之後的評語，如評馬騰蛟：「結實

有力，將來有出息」；評額魯箚：「忠厚本分，人似結實」；評屠用中：「人亦可有出色，道員似可。」還如在乾隆十七年，新任直隸景州知府侯珏被引見，乾隆大帝評他為：「觀其人，似小有才而無實際，未可保其勝任無誤。」

在南巡期間，乾隆也比較重視對官員政績的考察，他還特意用硃筆記作「官員記載片」。在第六次南巡時，與前來迎駕的江西巡撫郝碩交談後他發現郝碩對屬員情況竟茫然不知，並且在地方事務中也沒有什麼建樹，便立即罷了他的官。

清朝知府屬於四品官，是「親民最要之職」，掌領數縣，興利除害、決訟檢奸。乾隆大帝以為知府一職承上啟下，是州縣官學習的榜樣。並且他還認為如果知府精明能幹，熟諳政事，即使州縣官平庸無能，也可以被激發起奮起向上之心。若是知府懦弱無能，馭下無方，州縣官也會苟且偷安，荒廢政事。同時，州縣官由於職位卑下，無權被皇上引見，其到底如何還得靠知府去檢查監督。於是乾隆不斷強調：要選嫻於政務的人擔任知府，並且在任用知府一事上非常謹慎小心，恐怕失察，而貽害地方。

乾隆大帝也知道，以引見的方式來考核官員，僅憑他們的容貌形象和臨時的神情應對，只能獲得粗淺印象。為此他說「甄核於奏對之時，類乎皮相。」但作為一種差強人意的方法，他仍認為通過引見，「人才大概，差無遁形，自臨御至今四十一年，簡閱已多，亦頗十中八九」。

　　為了彌補引見時臨時考核的缺點，他還常輔以進一步的調查。乾隆三十一年，新任江西袁州知府唐燦引見，被乾隆評為，「看其人，甚懵懵，於地方政務恐未諳悉」。由於對此人實在是不放心，他便命令江西巡撫吳紹詩留心考察唐燦的政績並指示說：若唐燦「實在難以勝任，即行具折奏聞，無得稍存姑息」。

　　乾隆大帝深知掌握任免大權的皇帝對吏治的好壞有著關鍵作用，責任之重大讓他自己都感覺頭疼。他說：「但人才自昔為難，即如州縣等用科目出身之人，原為伊等讀書苦攻數十年，始博一官，是以按資銓敘。每於引見時，有年力衰邁之員，欲不用則棄置甚憫，用之貽誤地方，不得已令其改教。在伊等擯而不用，則未必盡皆心服。若使強強奪理，方謂一見何以決其不能勝任，究亦難與辨晰。其實衰庸弱茸之員，斷不能膺民社重寄，即未經扣除而將就錄用徐觀其後者，亦不知凡幾矣。」這

一段話也道出了乾隆大帝在任免官吏上的苦衷實在不少，使他只能盡力而為，任免之中也難免有不妥之處。

　　總之，在乾隆通過各種方法長期考核甄選下，為清政府培養了一批能幹的官僚。依靠著他們，乾隆朝達到了統治前期、中期的繁榮昌盛的順利局面。

7-2 做人萬不可器局太小

布順局者易養成頤指氣使、氣量狹小的習性。
做人氣量太小，則不足以成大事。

乾隆認為「做人萬不可器局太小」，可見他希望做人器局要大，魄力要強。

乾隆元年 3 月，他下令總理事務大臣對年羹堯幕僚汪景祺之案作出處理，說：「朕查閱汪景祺歸案，景祺狂亂悖逆，罪不容誅。但其逆書《西征筆記》乃出遊秦省時所作，其兄弟族屬南北遠隔，皆不知情。今事已十載有餘，著將伊兄弟及兄弟之子發遣寧古塔者，開恩赦回。其族人牽連革禁者，悉於寬宥。」

受隆科多案而遭株連的查嗣庭案，也是一件由文字發難的大案，其主要罪名是「趨附」隆科多。為查案平反，有著為牽連隆科多一案人員昭雪的實際意義。

乾隆明確表示：「查嗣庭本身已經正法，其子侄等拘繫配所，亦將十載，亦著從寬赦回。」

此外，山東道監察御史曹一再上奏，要求澈底查清見事生風、株連波累的文字獄：「請敕下直省大吏，查從前有無此等獄案，條例上陳候旨，嗣後有妄舉悖逆者，即反坐以所告之罪。」他的建議被乾隆所採納，說明乾隆確實想盡力糾正前朝株連之風，以樹一朝清明之新政。

對於前朝中因各種原因被罷免、廢黜和關押人員，乾隆大多根據實際情況，能放則放，能用則用。在雍正朝獲罪而確有才華並負盛名的臣子張楷、彭維新、陳世倌、俞北晟四人被乾隆首先予以起用，彭維新、陳世倌命署理都察院左都御史和副都御史，張楷署禮部左侍郎，俞北晟在內閣學士裡行走，四人後來都擔任過地方督撫大員。原雲南巡撫楊名時，因在當時整飭胥役科斂，核實州縣需數，酌定數目徵收，減除加派，因此使稅收有所減少，被雍正指責為「徇隱廢弛，庫帑倉穀，借欠虧空」，後革職待命雲南。乾隆把他召回京師，特賜禮部尚書銜，兼管國子監祭酒事，當他有病的時候，乾隆還特派太醫去診視，給他蔘藥喝，在其死後還賜祭、賜葬、賜謚，並入祀賢良祠。

雍正時因參劾寵臣田文鏡而被捕入獄的李紱、蔡珽二人，及流放充軍九年之久的謝濟世，都被赦免放出。乾隆大帝授予李紱戶部侍郎，謝濟世為江南道御史。此外，雍正時因以準噶爾用兵失敗，負有大罪的傅爾丹、陳泰、岳鐘琪三人，乾隆以岳鐘琪平青海有功，傅、陳二人「祖父俱有功勳」為由，諭令釋放回家。

雍正時，還有許多官員虧空錢糧，侵吞公款，被勒令追賠，嚴加處分的人，乾隆也多以豁免。他對此總結說：「朕臨御以來，凡八旗部院及直省虧空銀兩，施恩豁免，已不下數千萬。」他即位三個月，一次就寬免了69名欠帑虧空的官員，凡「或已經充發，或監候枷禁，或扣俸扣餉，及妻子家屬已入辛者庫等罪，概行寬釋」。此後，又將歷年虧空案中「其情罪有一線可寬者，悉予寬免，即入官之房產未曾變價者，亦令該衙門查奏給還」。「凡虧欠錢糧未還完，奉恩旨寬免者，准予銓選，其子孫應選應補者，俱准入所在班次銓用。」

對犯罪降革的八旗將領，乾隆盡量起用。大批起用降格旗員，如「法海、李楠俱著賞副都統銜，在威安宮官學處協助來保辦理事務。白清額俟有副都統缺出，兵部一併帶領引見。韓光基、喀爾吉善等，俱著管理圓明

園八旗兵丁，鄂昌著在批本處行走，鄂米、覺羅佛保、額倫忒、祿保、尚承恩俱著以該旗參領試用，徐琳著以副將領用，塞都著發給李衛、以副將試用」。這些人後來大多成為乾隆朝中重要的官員和統兵將領，為乾隆的文治武功立下了汗馬功勞。

可以說，乾隆為緩和統治集團內部衝突所做出的一系列舉措是卓有成效的。

他以「寬則得命」、「君臣相得則治」這一儒家政治觀念為出發點，從皇室宗親，到政府重臣、到八旗將領、降革官吏、知識文人，乾隆大帝無一不涉及，為了統治階層的團結一心，幾乎做到了面面俱到的地步。

這些寬大政策的實施，在很大程度上平息了乾隆初期群臣對嚴猛政治的不滿遭恨情緒，增強了統治階級內部的向心力和凝聚力，實現了滿漢各階層人士的通力合作，也使乾隆的政治威望直線上升，為他以後的統治奠下了堅實的基礎。

7-3 思路清晰，進退有度

如果布局者本人犯糊塗，順局便會處處出現不順之兆。思路清晰，才能掌握進退的尺度。

　　在處理君臣關係上，康熙帝主張推行「柔術」，講究「君臣誼均一體」。雍正生前推崇嚴猛，擅長「以權馭下」，而乾隆其實也採用「以權馭下，統御臣屬」的策略，因為他的眼光更犀利，看得更明白，進退處置更得當，所以比雍正用得更到位。

　　乾隆十八年，黃河在江蘇銅山縣張家馬路決溢，汪洋一片，損失慘重，這場天災與人禍有關。原因是河督高斌、張師載的屬員李燉、張賓侵帑誤工，致使堤防不堅，釀成大災。乾隆下令將李燉、張賓正法，責高斌、張師載「負恩徇縱」，並讓高斌和死囚一同押赴刑場陪斬，還嚴禁官員洩露將其免死的消息。高斌以為自己也

被處死刑，他當時還是皇貴妃高佳氏的父親，係乾隆的岳丈，且已經年過七旬。在行刑時，高斌嚇得魂飛天外，昏倒在地。因行刑後皇帝還要讓高斌回奏，高斌醒後奏稱：「我二人悔已無及。此時除感恩圖報，心中並無別念。」

高斌受恩釋放後，果然感恩戴德，誓死圖報，結果累死在治河工地上。恩威並施，君子無戲言，乾隆的這種權術還頗為管用，使大臣們俯首貼耳地甘受皇帝指使。不過這種權術當今是不可用的，一是誰也沒有皇上的生殺大權，二是動輒殺人是侵犯人權，是犯罪行為。

乾隆遇事頗能明察，並事事立愛民之官為表，並加以賞賜。乾隆五十年，山東平度州發大水，災民攀登到城牆和屋頂上避難，肚子空空無食，很多人快餓死了，事情非常的危急。然而這時候知州顏希深因公赴省城未歸，無人作主放糧。顏希深的母親毅然決定開倉賑濟，也來不及上報給上司，因此糧而保全了很多人的性命。山東巡撫便彈劾顏希深之母篡用職權，擅發倉穀，應該受到嚴重的處分。

乾隆知道了這件事情之後，責備說：「有此賢母好官，為國為民，權宜通變。該撫不加保奏，反加參劾，

何以示激勸？」並馬上升顏希深為知府，顏希深的母親被賜贈三品銜。乾隆這樣做，不僅褒揚了為民為國的好官員，而且向群臣表示了自己的良苦用心，即讓群臣明白兢兢業業地治理一方，定有妻榮子貴的一天。並且能激起州縣地方官吏奮力向上之心，爭著為國出力，為民效勞。

為了懾服群僚，乾隆還別出心裁地想出一些懲罰的招數，如使用小過重責、破格提拔等招數，使大臣們悲喜難料感到天威莫測，不得不小心謹慎地做事。乾隆四年，工部修理太廟慶成燈，領銀三百兩、錢二百串，乾隆發現領銀過多，必有隱情，就詢問工部：「此燈不過略為粘補修理，何至用銀如許之多？」

工部官員聞言含混奏覆，說這筆銀錢是預支的，將來按實用報銷，餘銀還要交回。乾隆知道是哄騙之詞，便說：「凡有工程例應先估後領」，此無用工後交還多銀之事，「該堂官等竟以朕為不諳事務，任意飾詞蒙混，甚屬乖謬」。就因為這點小事，乾隆大發脾氣，工部衙門全堂得罪。尚書來保、趙殿最、侍郎阿克敦、韓光基降級或調用、或罰俸。這一舉又使滿漢官員大為詫異，心裡也暗自緊張，更加謹小慎微，勤於政務。

乾隆洞悉真偽，懂得獎賢懲劣，並時時動之以威權來使他們更加符合政權統治的需要。例如，大學士陳世倌曾受命賑濟淮揚災區，由於身臨其境，對災區飢民非常同情，乾隆每次召見他，陳世倌反覆陳奏的事情都是說百姓飽受水旱之苦，國家應大力賑濟，並經常說得聲淚俱下。以致後來，乾隆不等陳世倌講話，就先說：「陳世倌又來為百姓哭矣！」揶揄之餘流露出的卻滿是讚揚之情。而有時候，卻對他橫加指責。

　　陳世倌為三朝元老，與曲阜衍聖公孔氏為兒女親家。陳世倌在山東置買田產被探知後，乾隆大帝說他「無參贊之能，多卑瑣之節，綸扉重地，甚不稱職，著照部議革職」，「伊乃浙人，而私置產兗州，冀分孔氏餘潤，斯豈大臣所為？今既革職，著諭山東巡撫，不准伊在兗州居住。」

　　為時刻把握群臣的行為，了解和監察他們是否認真施政，乾隆大帝還派一些親信官員祕密調查各省督撫的具體情況，看他們是否營私舞弊，胡作非為。這些官員們殊不知在遵旨調查別人的同時，也被別人正祕密地調查著。這種手段似乎不應是一個堂堂大清皇帝的作為，但為了整飭朝綱，清肅吏治，乾隆大帝不得不採用這個

卑鄙的辦法。乾隆在實施調查時，也能夠摒棄滿漢之別，給予同等對待，以免他們欺君害民，並根據得來的情報具體給予批示。

　　乾隆二年，宗室德沛到任湖廣總督後，遵命暗中調查前任湖廣總督史貽直，發現他在任內有接受鹽商賄賂之嫌，便向皇帝請求可否公開查處。史貽直當時內調回京任工部尚書，此人熟悉政事，有辦事能力，因此乾隆指示德沛「史貽直身為大臣，朕不忍揚其劣，當別有以處之」。

　　乾隆三年，管理蘇州織造的郎中海保遵旨密查許容，並報告說：「蘇州巡撫許容，從前歷任，具有刻薄之名，觀其到任以來，操守廉潔精細明白，實心任聲，聲名亦好。」乾隆批到：「此奏至公之論也。」

　　乾隆四年，湖廣總督班第遵旨調查湖北巡撫崔紀。班第「訪得崔紀並無劣跡，但性情淺狹，遇事有偏僻處。現辦聚眾抗害之劣衿，不速行發落，聽其狡展，拖累多人。今經向伊申說，彼知自咎。除與崔紀商，飭屬速行，審詳結案外，其所參道員崔弼用，伊曾認為同宗兄弟，有無別情，訪確另奏。」乾隆認為班第的調查是「俱秉公議」，給予充分肯定。後來發現崔紀曾挪用公款給親屬

使用，又聽任百姓買食私鹽等事，遂將其撤職查辦降級任用。

乾隆十一年，湖北巡撫開泰報告說，他遵旨密查湖廣總督鄂彌達，知其雖然年老體衰，還能正常辦理公務，聽說他的家人有接受門包之事，數量不多，鄂彌達好像不知道。乾隆為此告誡開泰：「非但此也！鄂彌達往查湖南省，令其子拜各屬員，亦間有收受禮物者，操兵則全不閱看，朕亦降旨申飭矣。但此其過尚小，求全責備，朕從不為，若過而弗改，並欺朕而益肆者，亦不肯稍寬。」讓開泰繼續監視調查鄂彌達。

乾隆採用這些出人意料的手段，有效保持吏治的清明，由此也可以看出乾隆主持順局的過人之處。

7-4宜慎勉，莫自滿

天資再高，也要求學；地位再高，也要尊師；飽讀詩書且善求師者，才能具德具才。布順局者既要讓別人「宜慎勉，莫自滿」，自己也要做到「宜慎勉，莫自滿」，即使身為順局的主持者，也應始終把自己當作一個「學生」看待，因為唯有「學」才能「生」，才能成為讓順局更順之人。

精通業務才能搞好管理，千萬別做門外漢，乾隆對此有深刻的認識，於是，他採用了「勤讀好學，以學養生」這一方略。

乾隆作皇子時，從 6 歲起就開始接受一套很正規和嚴格的教育，這種教育一直持續了近 22 年。乾隆在讀書學習中掌握了漢族封建文化的精粹，並把它成功地運用到自己的統治中來，這使他尤成為清朝皇帝中的佼佼者。

在年少讀書時，乾隆和其他皇子每天頂著白紗燈進書房，至暮時才放學，每天誦經研史，吟詩作文，或者騎馬射箭，學習時間甚至超過 10 小時。乾隆自己更是「無日不酌古准今，朝吟暮誦，無日不構思抽祕，據案舒卷。」

於是，在乾隆帝在 12 歲之前，已熟讀《詩》、《書》、《四子書》等，並且背誦不遺一字。接下來又學習《易經》、《春秋》、《戴禮》、《性理精義》等宋儒性理諸書，還對《通鑑綱目》、《史記》、《漢書》及唐宋八大家之文章皆精研。乾隆從這些書中懂得儒家經典和理學精義，在此基礎上還對社會現實、民生疾苦、前朝歷史有所了解。

漢族封建文化因其源遠流長和博大精深而深得清朝統治者的推崇，作為少數民族之一滿族出身的大清皇帝，掌握漢族傳統文化，無疑是維護其統治的重要一面。而乾隆大帝無疑非常明白這一點，所以，他身體力行，努力學習漢族傳統文化。為了最高統治利益，他又必須按照漢族封建治理的原則去行事和施政。

從 14 歲開始，乾隆帝便邊讀書，邊開始寫文章。最初主要是寫讀書心得。在他的文章中常見諸如《讀韓

子》、《讀嚴光傳》、《讀歐陽脩縱囚論》、《讀王充論衡》、《讀宋史河渠志》、《讀左傳晉楚城濮之戰》等讀後感。從這些讀書筆記中來看，乾隆大帝的閱讀範圍是極其廣博的，他很注意從各種書籍中汲取營養，作為鞏固大清帝國的施政之鑑。

乾隆皇帝在《讀明史》詩中寫道：「幾餘何所樂，書史案頭橫。稽古徵文獻，詮時驗治平。百年民物盛，一代紀綱呈。撫卷增乾惕，還垂殷鑑明。」

乾隆還主張「學問以經為重」，號召皇子和臣子們讀經，他認為經學是做人的根基，士人要先道德而後文章：「至於學問必有根柢，方為實學。治一經必深一經之蘊，以此發為文辭，自然醇正典雅。」他還要求人們讀宋代周敦頤、程頤、程顥、張載、朱熹五人寫的理學著作，說從這些著作中可以得經書真諦：「知為灼知，得為實有，明體達用。」

從中也可以看出作為深受禮教薰染的皇帝，他是很崇奉程朱理學的，尤其是朱子，他認為：「漢以後大道淪喪」，宋代理學家振廢絕續，使道統得以恢復、發展，功難可沒。關於這一點，他還在詩中寫道：「自漢迄宋初，道昏人如醉。二程實見知，主敬標赤幟。朱子集其成，

經天復行地。絕續遞相衍，斯文統緒寄。」

這說明，乾隆在做皇子的讀書生活中已注意歷代治國興衰之道了，他非常佩服儒家明君賢相政治，研究了古代各朝的帝王史。其中最為他推崇的一本治國之書，便是《貞觀政要》。他親自為這本書作序，說每讀其書，想其時，「未嘗不三復嘆」。

乾隆飽讀經書，做事情總愛引經據典，連他讀書的書房也取名為「樂善堂」，意取古舜「樂取於人以為善」，後漢東平王「為善最樂」。乾隆自稱：「於大舜之善與人同，雖有志而未逮，而東平王之為善最樂，則不敢不勉焉。」

未即位以前他所寫的詩文也以「樂善堂」為名，所寫的文章的體裁有論、記、跋、序、表、頌、箴、銘、賦、雜著等。雍正八年，他把所寫輯成《樂善堂文鈔》十四卷，以後陸續增加，在乾隆元年正式刊刻為《樂善堂全集》四十卷；到乾隆二十三年，他又對此集進行刪改，成為《樂善堂全集序定本》三十卷；另外還有一本《日知薈說》，這些都是乾隆作皇子時的課業及作品，從中可以了解到一些他青少年時代的生活經歷和思想發展過程。

自從漢武帝設太學、用儒吏，隋唐開始科舉考試選才之後，儒家經典和詩詞文賦便成為封建時代有識之士的立身之本，在他們做了高官之後，仍以吟詩作文為志趣，而統治者要想與這些官吏們溝通感情，就需要對漢族傳統文化瞭若指掌。

　　清朝從入關時起，清世祖和他的一代代子孫帝王們就非常重視民族文化，乾隆更是對漢文化了解得精之又精，這對他進行成功的統治可以說有巨大的影響。

第 8 章

巧局

夾縫之中做大生存空間

人的一輩子實際上就是在布一盤人生之局。人生之局的布法有剛、有柔、有巧，宜根據所處環境和個人所長擇而用之。如果能像秦皇漢武那樣，位居時代的頂端，人生之路完全由自己鋪就；但若你雖身居要津，卻要為那個掌握局勢的人服務，你的人生之局很大程度上就要以他的喜好為指向。這樣你身處上與下的夾縫之中，最穩妥的致勝之道就是以巧取勝。巧可以讓你脫穎而出，讓你化險為夷。巧局難布，但為了做大自己的生存空間，巧局不得不布。

8-1 懂得讓人喜歡的要訣

一個人要在芸芸眾生中活出一條路，首先得被人喜歡和接受，否則布巧局便無從談起，這個道理似乎誰都懂得，但做起來就沒那麼容易了。紀曉嵐在險象環生的清代官場中左右逢源，總結了不少要訣，很值得鑽研一番。

紀曉嵐自乾隆十九年（西元 1754 年）考中進士，經庶起士散館進入翰林院成為一名編修後，一路平步青雲，追隨乾隆 40 餘年，期間除短暫發配烏魯木齊外，「一生順境實多」，這在乾隆一朝堪稱是個「奇蹟」。與許多大臣不同，紀曉嵐的侍君術主要有一條：不觸動君主的逆鱗。這也難怪稱為儒臣的紀曉嵐，早年先從「申韓入手」，得仕途門徑，在官場立住腳後再輔以「儒術」。因此，他一生不是個純儒。而他的種種侍君術，謎底只能

用紀曉嵐的機智、智慧來解讀。

與君主（尤其是精明的君主）這樣的「虎」相伴確實會面臨諸多危險和變數，但一旦使他接受你，則又會收到事半功倍的效果。讓聰明的君主接受你，就要有超常的智慧和政治技巧。在這方面，紀曉嵐是成功者。

紀曉嵐中進士後入翰林院，最初任庶起士，這是翰林院的最低官職。三年後考核合格，成績優異，始可升編修或檢討。紀曉嵐雖然官小年輕，可是文名卻在不斷擴大。他一入翰林院，便以常人不及的捷才與文思，贏得人們廣泛的注意與讚許，「當時即有昌黎北斗、永叔洪河之目」。最為重要的是，紀曉嵐很快贏得了乾隆皇帝的注意。

紀曉嵐入翰林院的那年春節，乾隆皇帝要元宵觀燈，詔令文武大臣廣製謎題，擇優行賞。紀曉嵐在宮中也掛出了一副謎聯，謎聯是：「黑不是，白不是，紅黃更不是；和狐狼貓狗仿佛，既非家畜，又非野獸。詩也有，詞也有，論語上也有；對東南西北模糊，雖是短品，也是妙文」，聯上注明上下聯各隱藏一字。這副謎聯很奇特。它不是利用漢字的拆合法，而是寓意法，文武百官都猜不出。乾隆皇帝一時也未猜到，便問是誰寫的，

侍臣回答是紀曉嵐。便派人詢問紀曉嵐，紀曉嵐回答是「猜謎」二字。乾隆皇帝細細品味，覺得確是如此，紀曉嵐的座師，其時任刑部尚書的劉統勛，趁機誇獎自己的門生。自此，紀曉嵐在乾隆皇帝心目中留下深刻的印象，經常被召入宮。

乾隆皇帝有意考核這個青年才俊。一日把他召進宮中，此時乾隆皇帝在殿外；恰好天空中有隻白鶴飛過，乾隆皇帝指著飛過的白鶴說道：「以白鶴為題，吟首詩給朕聽。」

「遵旨。」紀曉嵐說。隨即張口吟道：

萬里長空一鶴飛，朱砂為頂雪為衣。

這兩句是從白鶴之白落筆的。紀曉嵐正要吟下去，乾隆皇帝插話道：「那不是白鶴，而是一隻黑鶴。」乾隆皇帝指著飛去很遠的白鶴說。他故意改變所詠的對象，看吟詩者如何續吟下去。

紀曉嵐看著遠去的白鶴，在暮色中確是成了一個小小的黑點。但他知道乾隆皇帝有意試才，於是趕快改口，繼續吟道：只因覓食歸來晚，誤入羲之蓄墨池。

這樣一來，兩方面的現象都照顧到了，而所詠對象仍是一個。乾隆皇帝聽了十分高興。

又有一次，乾隆皇帝正在賞花，紀曉嵐恰好入宮奏事。乾隆皇帝別的事暫不問他，卻指著那些雞冠花說：「以此為題，作首詩如何？」說完望著他神祕兮兮地笑。

紀曉嵐略一思索，吟道：雞冠本是胭脂染，體態婀娜滿紅光。

這是就紅雞冠花而言的，再吟下去當然還是這意思的發揮。不料此時乾隆皇帝從背後拿出一朵白雞冠花來，笑著說：「你說錯了，這是白的呵！」

紀曉嵐意識到又遇到上次同樣的麻煩，於是立即改口說：只因五更貪早起，染得滿頭盡白霜。紀曉嵐迅速地改變所詠物的背景，以便改變它的顏色。乾隆皇帝不由得連連稱是，嘆服這個年輕人才思快捷。

真正讓乾隆皇帝賞識紀曉嵐的是，紀學士在慶祝平定準噶爾叛亂而寫的頌詞《平定準噶爾賦》。

準噶爾是居住在我國新疆地區的漠西蒙古部落，清初一直歸附清廷。但自康熙中期以後即多次叛變，康熙、雍正時期曾一度平復，卻始終沒有從根本上解決問題。乾隆十九年，準噶爾內部發生分裂，次年 2 月清軍兩路出兵，伊犁平定。

消息傳來，乾隆皇帝特別高興，特命頒示天下，並

設盛宴慶賀。席間，乾隆皇帝命紀曉嵐即席作賦。不多時，紀曉嵐書成三千言《平定準噶爾賦》一篇，跪呈乾隆皇帝。乾隆皇帝喜不自禁，破例令紀曉嵐當著諸卿之面吟誦。

三千言賦文，吟誦起來也是要用掉不少時間的，可是紀曉嵐是即席所作，而且用典準確，文字優美，氣勢磅礡，一氣呵成，實在是聞所未聞，令人驚奇！所以在紀曉嵐吟誦期間，滿座朝臣竟無一絲聲息。此時的紀曉嵐，似乎是一塊奇異的吸鐵石，把君臣吸得目不轉睛，連眼皮都不眨一下，直到誦至「六月庚戌，西域悉平。大書露布，揭以朱旌。十二晝夜，報答紫庭。歌舞交於朝市，娛樂洽於萬靈。四極四合，大定永清！」

更重要的是，紀曉嵐憑藉自己的橫溢才華，於美文妙詞中，巧妙地歌頌了清朝平定準部的武功之盛，特別是乾隆皇帝在其中的英明韜略，使好大喜功的乾隆皇帝聽著非常舒服，所以乾隆不由自主地高喊一聲「妙！」群臣才交耳讚嘆，活躍起來。

或許就因為此事太引人注目，給乾隆皇帝留下的印象太深刻，次年秋天，也即乾隆二十一年秋，紀曉嵐「初登詞苑班，即備屬車選」，以纂修《熱河志》扈從承

德。這在清代翰林院的歷史上是少有的。而向乾隆帝舉薦的是尚書汪由敦、侍郎裘日修、董邦達。

汪由敦，也是乾隆的五詞臣之一。他字師茗，號謹堂，又號松泉居士，浙江錢塘人，原籍安徽休寧。早在雍正時，即以文章見稱。

乾隆即位，登基大典進御之文，皆由汪由敦撰擬，乾隆很滿意。乾隆元年，入直南書房，擢內閣學士。歷六部之長。

乾隆凡塞外行圍及四方巡幸，皆命汪由敦扈從左右，每承旨，耳受心識，出則撰寫，不遺一字。乾隆的詩文中，有不少就是由汪由敦屬草稿，乾隆修訂的。乾隆的官樣文章，同樣由汪由敦屬草稿，乾隆略作刪改。汪由敦以尚書之任，頗得乾隆眷注，但他感到自己身體日漸衰弱，遂提議讓年輕的紀學士擔任扈從。

裘日修和董邦達是紀曉嵐的受業之師，對紀的才華向有定評，提名紀曉嵐在理在情都很自然。但如果紀曉嵐沒有一定的知名度，或者說乾隆皇帝對他根本沒有印象，三人的請求也不容易獲得批准：一是翰林院派人一向是憑年資的；二是編纂《熱河志》是乾隆皇帝欽派的差事，精於文事的乾隆皇帝對此類工作向來很重視，不

會同意隨便讓一個沒有經驗的人從事這類工作。

但不管怎麼說，紀曉嵐這次獲選扈從熱河，意義重大。他獲得了讓乾隆皇帝進一步了解自己的機會，也為進一步提高自己的聲譽創造了良好的條件。他和錢大昕兩人「途中恭和御制詩進呈」，受乾隆帝嘉獎。從此館中有「南錢北紀」之稱。

紀曉嵐一出手，就顯出不凡，他參修的《熱河志》，品質也確實很高。後來增訂《熱河志》的曹仁虎曾寫有一首《熱河懷人》詩加以稱讚：

> 河間著作才，輿志資編纂。
>
> 初登詞苑班，即備屬車選。
>
> 踵事逮末儒，依類訂咸卷。
>
> 餘義在引申，匪曰誇證辨。

這是紀曉嵐平生第一次踏入這片皇家園林。夏日的炎熱早已驅散，紀曉嵐心中的熱血卻一再升騰。他有一種舒展筋骨，大展拳腳的強烈願望。在此期間，紀曉嵐確實寫了大量「恭和詩」，頗得乾隆之賞識，「天語嘉獎」。見於文集的就有幾十首之多。

紀曉嵐的許多詩固然為無聊之作，但無聊也是人生的一個側面，正是因為途中紀曉嵐「屢與賡和」，頗得乾

隆皇帝「天語嘉獎」，所以才「自是仰蒙知遇」，成為深得乾隆皇帝寵幸的文臣。對於這次經歷，紀曉嵐後來於嘉慶初所作《恭和聖製出古北口作原韻》中就寫道：「憶纂仙莊志，初賡聖製詞。歲富堯丙子，知遇至今思。」他自注說：乾隆丙子，臣官庶起士時，以纂修志書隨至熱河，恩准一體賡和，曾恭和聖制《出古北口》詩，自是仰蒙知遇栽培矜宥，叨至正卿，今已四十二年，實儒生罕逢之渥寵，恰如張果記唐堯丙子曾官侍中。

紀曉嵐走著和許多侍從之臣一樣的道路，但他要借鑑許多前人走過的彎路。他要做一飛衝天的鯤鵬，在未來的生命中備好一種翱翔的姿勢。

所以，他精研布局之略，努力找到了在夾縫中生存的要訣，那就是讓上司喜歡。

8-2 學做一個機智的高手

布巧局者的機智術是一個非常值得研究的課題。古往今來，有多少大勝者都是靠機智取勝，開拓了人生的成功之路。

乾隆多變，紀曉嵐則以機智應對。乾隆乙酉年是乾隆帝登基 30 周年。時值風調雨順，天下太平，乾隆皇帝高興萬分。他想，古代有作為的帝王如秦始皇、漢武帝等，都舉行過封禪大典，用以顯示自己統治英明，天下太平，江山穩固，也因此為後人稱頌，他乾隆皇帝也取得了這樣的成就，而且統治的疆域遠遠大於秦皇漢武之時，為何不可以搞一次封禪大典呢？所以在這年初秋，率領文武大臣到泰山行封禪大典。

所謂封禪，是由皇帝主持，最隆重的祀天大典。築壇於泰山之頂以報天功，稱為「封」，於泰山下小山除土

以報地之功，稱為「禪」。由於此禮極其神聖，各個朝代並不常舉行。據說上古有 72 位君王曾封禪，秦以來也只有秦始皇、漢武帝、東漢光武帝、唐高宗、唐玄宗、宋真宗等少數幾個君主舉行過。不少君主也憧憬於封禪之功，但未能實現，畢竟不是任何一位帝王都有資格和能力封禪的，稍有天變、災荒、邊警，就可能破壞必須具備的社會祥和、帝王聖明這一個條件。

乾隆皇帝此次登山，是他生平九登泰山的第五次。乾隆皇帝天性喜歡遊山玩水，他一生曾三上五臺，六下江南。此次登山在名義上是封禪祭祀，實際上也是在山光水色中娛樂自己。

封禪的隊伍，進得濟南府後，歇息 2 日，飽覽這裡的湖光水色。濟南城內，泉水眾多，家家流水，戶戶垂楊，碧波蕩漾，風景秀麗。皇上住在大明湖西側的遐園。這是濟南第一庭園，古木蒼翠，曲水虹橋，幽靜典雅。乾隆皇帝今天遊興很濃，便叫紀曉嵐、和珅伴駕遊湖。

君臣三人乘小船到了湖心歷下亭。這歷下亭建於北魏，雕樑畫棟，壯麗軒昂，紀曉嵐隨皇上在歷下亭裡，欣賞周圍的景色。只見寬闊的湖面上，波光粼粼，闊大的荷葉迎風擺動，岸邊綠柳婆娑，樓臺亭樹，掩映其間。

四周景物的倒影，映在湖裡，看得清清楚楚，不禁為這裡的景色陶醉了。忽然間，乾隆皇帝問道：「這歷下亭，歷史悠久，風景絕佳，可曾有文人騷客所做詩文？」和珅想討好皇上，馬上應聲說：「有……」

乾隆皇帝和紀曉嵐已等著聽他的下文，誰知和珅張口結舌，說到這裡沒有詞了，眼睛眨巴了半天，也沒有想起一句詩來。

紀曉嵐卻答道：「臣早年讀《杜工部詩集》，記得杜甫有詩題為《陪李北海宴歷下亭》，其中有兩句，曰：『海右此亭古，濟南名士多』。」

「好！好！」乾隆皇帝連聲稱讚，和珅在旁羞得滿臉通紅。

濟南是有名的「泉城」，泉水眾多，金代曾立泉碑，列舉了72處有名的泉水，乾隆君臣一行遊歷於湖光水色之間，興致盎然，一邊觀賞，一邊品評。

眾多的泉水，千姿百態，讓人賞心悅目。或波浪翻騰，流如沸水；或晶瑩溫潤，似明珠瓔珞；或串串珍珠，如銀似玉；或洪濤傾瀉，如虎嘯獅吟；或細流涓涓，如琴弦低唱。其中最吸引人的，當數趵突泉、黑虎泉和珍珠泉了。趵突泉主泉分為三股，噴高三尺有餘，狀如三

堆白雪。黑虎泉從三個石雕的虎頭中噴出，如三股瀑布，水聲喧騰，如虎嘯風吼。珍珠泉清碧如翠，當中冒出一串串白色氣泡，像噴出萬顆珍珠。

遊覽完畢，天近中午。在路上走著，乾隆皇帝問起二位侍臣：「常說濟南有四大名泉，朕今日看了三泉，尚有一泉，叫什麼名字？」

紀曉嵐答道：「如果微臣記得不錯的話，那就是金錢泉了。」

「對，對！」乾隆皇帝點頭，「你可曾到過那裡？」

「臣尚未去過。只是初到之日，臣向府尹要來一部《濟南府志》，看了上面的記載。」紀曉嵐答道。

「好，好！你勤勉上進，實屬可嘉。」乾隆皇帝誇讚道。

乾隆皇帝在泰安城內的岱廟舉行過祭祀東嶽大帝的大典之後，第二天便率領群臣登山。陪同他登山的文臣有董曲江、劉師退、劉墉、紀曉嵐等人。一路上簇擁乾隆皇帝，浩浩蕩蕩。

中午時分，他們來到斗母宮。從斗母宮出來，繞過幾道山路，又沿著登山大道盤旋而上。

過了朝陽洞，來到了對松山，兩面奇峰對峙，滿

山奇形怪狀的古松，翠虬陰靄，人到這裡，儼然進入蒼翠畫卷之中。紀曉嵐站在皇上身旁，看著滿山秀色，聽著山澗的潺潺水聲和陣陣松濤，讚不絕口。乾隆皇帝似乎是受到感染，急令人取出筆墨，揮筆在岩壁上題寫下「岱宗窮佳處」五個大字。

一陣頌聲過後，乾隆皇帝由侍從攙扶著，繼續沿盤道攀登，和珅、紀曉嵐、劉墉等絡繹跟隨。攀至盤道盡處，一座高大的石門巍然屹立，橫額上的三個大字赫然在目：摩天閣。

乾隆君臣在碧霞宮住了一晚，次日凌晨便上玉皇頂看日出。乾隆皇帝很興奮，他題聯作對的興致不減。看完日出後，他在玉皇頂附近的東嶽廟祭祀，祭畢，轉到廟北的彌高岩下，忽然想起《論語》裡「仰之彌高」的句子，又想藉《論語》難一難紀曉嵐，他道：

仰之彌高，鑽之彌堅，可以語上也。

乾隆皇帝心想，這回紀曉嵐恐怕要難住了。誰知乾隆皇帝的話音剛落，紀曉嵐也隨即答出：

出乎其類，拔乎其萃，宜若登天焉。

他用的同樣是《論語》中的句子，而且又對得自然流暢，渾然天成，乾隆皇帝及眾大臣無不為之嘆服！

8-3 摸準對方的脾氣辦事

辦事摸準對方的脾氣，然後投其所好，是布巧局者堅守的一條巧勝準則。

在封建社會裡，皇帝的地位和尊嚴是至高無上的，這就是韓非子所說的勢位。為了樹立這一至高無上的地位和尊嚴，他們可以製造謊言和神話，用以把自己塑造成神祕的天之子，是神仙的化身，而非凡夫俗子，進而使他的子民對他頂禮膜拜，肅然起敬，心甘情願地服從他的役使。

像紀曉嵐這樣一個一貫恃才傲物的才華之士，長期處在乾隆皇帝這樣一個自恃甚高，而且頗有才華和成就的封建帝王身邊，其中的感受是深刻的。

一般人只知道紀曉嵐有一個「紀大煙袋」的雅號，殊不知他還有另外一個雅號——兩腳書庫。「紀大煙袋」

指的是他吸煙量大，兩腳書庫是說他無書不讀，過目不忘。

世上任何大才，都不敢誇口無書不讀。可是紀曉嵐卻敢誇下這個海口。這是時勢和機會賜予他的。

紀曉嵐領修《四庫全書》，要把自古至乾隆中期所有典籍搜集整理，確定應刊、應抄、應存，而且又對刊入四庫的 3,503 種書和保存書目的 6,793 種書，撰寫提要，撮舉大凡，敘述源流，考證真偽，這勢必需要遍覽天下群籍，方能舉事。所以，什麼宮中祕笈，家藏珍典，都在紀曉嵐閱讀之列。同時代人誰也比不上他，這使他成為歷史上少有的通儒。他自己也很自豪，在《自題校刊四庫全書硯》一詩中說：

檢校牙籤十萬餘，曾讀人間未見書。

這不是吹噓而是事實，同朝文士都對他十分敬佩。

可是這話傳到乾隆皇帝耳朵裡，乾隆皇帝卻有些不高興，覺得他過於自誇，便想問個究竟，一日，乾隆皇帝問道：「紀愛卿，你學問淵博，遍覽群籍，至今還有什麼書沒有讀過？」

乾隆皇帝先試探性地問，看紀曉嵐如何對答。

紀曉嵐隨侍乾隆多年，說話隨意慣了，一時興起，

便說道：「啟稟聖上，臣似乎無書不讀。」

　　話剛出口，紀曉嵐便覺得說溜了嘴，但話已出口，收不回來，只好等待乾隆皇帝發落。乾隆皇帝笑笑，說：「既如此，朕明日讓你背一部書。」

　　紀曉嵐知道，這下捅了婁子。天下那麼多書，哪能都看過。即使閱讀過，重要的方能背誦，次要的完全背得下也是不可能的，更何況還有許多三教九流的書，如果任取一本，那怎能對付？下不了臺倒不要緊，觸怒聖上，吃罪不起。左思右想，不知如何是好。

　　乾隆皇帝也覺得紀曉嵐好學，遍覽群籍，經、史、子、集難不倒他，只有從不入流的書中打主意。恰好這時一個太監走過來，手中拿著一本《皇曆》。乾隆皇帝一見，忙把它拿過來，心想，這東西紀曉嵐可能沒有讀過，何不一試？

　　第二天早朝罷後，乾隆皇帝便留下紀曉嵐，並指明要他背萬年《皇曆》書。乾隆皇帝沒有料到紀曉嵐剛好熟讀了此書，結果無論當他翻到哪一頁，紀曉嵐就能背出那一頁的內容。這下乾隆皇帝沒有什麼話可說，當紀曉嵐背完後，乾隆皇帝笑道：「紀愛卿果然名不虛傳，朕賜你『無書不讀』四字。」

自此，紀曉嵐「兩腳書庫」的雅號，在士林中更廣為流傳，成為一時美談。

紀曉嵐投乾隆所好，也經常作詩，尤其是隨著乾隆帝年齡增長及統治大清帝國時間的增加，他對數字極為敏感，也十分雅好。倆人以數字作詩堪稱佳話。作詩要嵌入預先規定的數字，又要保證詩意清新自然，那是難得的。詩中出現數字，那要符合詩意的需要，或者作家本人的愛好，如唐初詩人駱賓王，他喜歡在詩中穿插數字，當時有「算博士」之稱，如「秦地重關一百二，漢家離宮三十六」。大詩人杜甫、柳宗元、陸游也作過這類詩。如「霜皮溜雨四十圍，黛色參天二千尺」，「一身去國六千里，萬死投荒十二年」，「三萬里河東入海，五千仞嶽上摩天」。這些詩句中都有數字，但它因隨詩意而來，並不顯得牽強。如果預先定下數字，要作者按數字填詩，那就不容易了。

一次，紀曉嵐陪同乾隆皇帝南巡，坐在江邊一座茶樓喝茶。那時正是秋天，這日下著濛濛細雨。推窗遠眺，只見江面上煙雨霏霏，朦朧一片，江心有艘小船坐著一位漁夫，正在垂釣，雙腳拍打著水面，嘴裡哼著漁歌，四周船隻很少，遠處青山疊翠，那畫面十分迷人。乾隆

皇帝看得出神，紀曉嵐見乾隆皇帝不說話，湊趣道：「聖上，江中好景致。」「江色佳絕，卿可賦七言絕句一首，內藏十個『一』字，如何？」乾隆皇帝沉浸在景色觀賞之中，慢吞吞地說。

「遵旨。」紀曉嵐展望江中景色，立即吟道：

一簑一櫓一漁舟，一個艄公一釣鉤，

一拍一呼還一笑，一人獨占一江秋。

紀曉嵐吟罷，乾隆皇帝算算四句中正好十個「一」字，細細品味詩意，那意境正和眼前的一模一樣，而且更加有韻味，尤其是「獨占一江秋」之名，寫盡了江中的寂靜。

乾隆皇帝很高興，禁不住誇讚：「卿真詩才橫溢。」

8-4在實事上不可亂用機巧

巧者有大有小，小巧者一味投機鑽營；大巧者外飾巧智，內實敦厚。在做實事處理具體問題時，應以大巧取勝。

紀曉嵐入仕途較早，官升得也快，但當了侍郎、尚書後，十幾年間卻始終不能進入樞密機構軍機處，不能不說是紀曉嵐終生的大憾事。其中的緣由就是他得罪了和坤，而兩人因審理海升案意見相左，是其「結怨之始」。

說是大案，案情其實並不複雜。乾隆五十年4月，大學士阿桂的親戚、員外郎海升，因與其妻子吳雅氏發生爭執而導致其妻死去。事情發生後，海升報告所管步軍統領衙門說是自縊而死。步軍統領衙門於是準備交刑部審訊，但海升的小舅子貴寧不相信他姐姐是自縊而死，

所以不肯簽字畫押。於是經刑部奏請派大臣驗屍。而當時和珅為軍機大臣，曾有意藉此牽連阿桂，主張重新驗屍，即令新任左都御史的紀曉嵐，會同刑部侍郎景祿、杜玉林以及御史崇泰、鄭徵、刑部司員王士、慶興前往開棺檢驗。經驗證，紀曉嵐等確定為自縊，以「臣等公同檢驗，傷痕實係縊死」上奏。

但屍親貴寧認為檢驗不實，海升係大學士阿桂親戚，刑部明顯有意包庇，並將其情在步軍統領衙門控告。這樣一來問題變得複雜起來，它不僅涉及一干檢驗人員，更直接將大學士阿桂牽涉進來。乾隆一向討厭大臣結黨，現見如此多的大臣黨附阿桂，自然很不愉快，又經和珅煽風點火，遂特派侍郎曹文埴、伊齡阿前往複查，兩人複查後匯報說吳雅氏屍體並無縊死的痕跡。乾隆遂令阿桂、和珅及刑部主管、原驗、複查各官一起再作檢驗，仍沒有發現縊死痕跡。於是乾隆令嚴訊海升，海升最終承認是他將妻子踢傷致死。

因此，乾隆降諭指出：「此案原驗、複查官員，竟因海升是阿桂的姻親，均不免有顧慮和奉迎之處。

從前刑部官員於福康安家人富禮善一案，有意徇情，致使元兇幾乎漏網，多虧朕看出疑點，特派大臣復行嚴

審，才使案情水落石出……不料你們不知悔改，在那一案件事過不久，又有此事出現！阿桂受朕深恩，於此等不肖姻親事，自不屑授意刑部各官，而刑部各官、御史即不免心存顧慮，及朕特派複查，仍膽敢有意包庇。如果不嚴加懲處，以後又怎麼用人？怎麼辦事？」

「此案阿桂已經自行議罪，請罰公爵俸祿十年，並革職留任，本應依照所請，姑且念此案究不比福康安包庇家人，而且阿桂還有功勞，著加恩改為罰俸五年，仍革職留任。」

紀曉嵐及其朋友王士遭重點指責：「其派出之紀昀，本係無用腐儒，原不足具數，況伊於刑名事件素非諳悉，且目係短視，於檢驗時未能詳悉閱看，即以刑部堂官所言隨同附和，其咎尚有可原，著交部嚴加議處。……王士在刑部年久，前因出差回京召見，觀其人尚有才幹，方欲量加擢用，乃是複驗時回護固執，裝點屍傷，逢迎阿桂，該員等均罪無可宥。葉成額、李閣、王士、慶興亦俱著革職，發往伊犁效力贖罪，不准乘驛」。

「曹文埴、伊齡阿經朕派出覆驗，若也如紀昀等人顧慮徇情，只知道迎合阿桂，蒙混了事，轉相效尤，將來此風一長，大學士、軍機大臣皆可從此率意妄為，即

殺人玩法也必無人敢問了。假如真是如此的話，國事還能問嗎？此案曹文埴、伊齡阿即能秉公據實具奏，不肯扶同徇情，頗得公正大臣之體，甚屬可嘉，著交部議敘」。

從對此案的處理來看，乾隆明顯有打擊阿桂一派的傾向。刑部複查案件本有失誤的可能性，而乾隆諭令一開始即將其與福康安包庇家人一事作類比，顯然定性為朋比徇情，而且所處分的官員幾乎全部是阿桂一派人。這不能不說與和珅在暗中煽動有關。而且，可以作為旁證的是，次年御史曹錫寶彈劾和珅縱容家人劉全招搖撞騙一案，乾隆即有「紀昀因上年海升毆死伊妻吳雅氏一案，和珅前往驗出真傷，心懷仇恨，唆使曹錫寶參奏，以為報復之計」一說，如沒有和珅操縱海升一案，乾隆又為何將兩案相聯繫呢？

在此案中，紀曉嵐的同年朋友王士，職位雖低，處罰獨重。王士在刑部歷久資深，且精於刑名之學，斷案認真、周密，為人稱許，卻不得重用。在海升毆死其妻吳雅氏一案中，他因堅持縊死一說而遭重罰，革職發往伊犁效力贖罪。對其不幸遭遇，紀曉嵐深表同情和不滿。嘉慶元年王士死後，紀曉嵐為他作墓誌銘，稱讚他說：

「鞫獄定讞，雖小事必虛公周密」，「凡鳴冤者，必親訊，以免屬吏之回護；凡案有疑竇，亦必親庋，以免駁審之往還」，「才餘於事，又多所閱歷，彌練彌精」，並引用王士的話說：「刑官之弊，莫大乎成見。聽訟有成見，揣度情理，逆料其必然，雖精察之吏，十中八九，亦必有強人從多，不得盡其委屈者，是客氣也。斷罪有成見，則務博嚴明之名。凡不得已而犯，與有所為而犯者，均不能曲原其情，是私心也。即務存寬厚之意，使凶殘漏網，泉壤含冤，而自待陰德之報，亦私心也。惟平心靜氣，真情自出；真情出，而是非明，是非明，而刑罰中矣。」

如此精於刑名案件、辦事認真公正的人，又怎麼會徇情或誤斷呢？只能說明王士斷為自殺並沒錯，和珅等斷為海升毆打致死不實。紀昀雖不敢明作翻案文章，但仍可窺見他對海升妻死一案獲譴之人的同情與不平。紀曉嵐所為不慍不火，恰到好處。

8-5 巧局最懼硬碰硬

剛則易折，柔能克剛。這個人生布局的道理許多人都懂得。不過，真做起來，就不是那麼得心應手了。

自乾隆五十年後，和珅的家裡幾乎成了官場上的黑市交易場，大小官吏趨之若鶩。有人傳神地描繪說：

和相國每日入署，士大夫之善奔走者，皆立伺道左，唯恐後期。當時稱為「補子胡同」，以士大夫皆衣補服也。

有人就身著補服繡衣的官僚們的奴才作詩嘲諷說：

繡立成巷接公衙，曲曲彎彎路不差。

莫笑此間街道窄，有門能達相公家。

更可笑的是，山東歷縣的一個縣令，為了能見和珅一面，竟以兩千金行賄於和珅的看門人，才探得和珅的

蹤跡，於和珅回府時，自呈手版，長跪於門前。可見，當時能夠奔走於和珅門下的只能是內外大員，而不及縣令這樣的七品芝麻官。

和珅非科甲出身，卻有相當多的門生弟子，其中不乏翰林學士，足見當時社會風氣之腐。而在那些利慾薰心滿身市儈氣的文人中，最為典型的是吳省欽兄弟。

吳省欽與其弟吳省蘭俱以科舉登仕途，又因學優名聞鄉里，門生桃李遍布四方，連和珅也曾從吳省蘭讀過書。然而，當和珅顯貴之後，吳省欽兄弟竟不顧體面，反拜和珅為師。

此時，陝西道監察御史曹錫寶，疏劾和珅的家人劉全衣服、車馬、居室逾制。他說：劉全「服用奢侈，器具完美，苟非侵冒主財，克扣欺隱，或借主人名目，招搖撞騙，焉能如此？」

曹錫寶雖在指參和珅的家人，但欲藉此扳倒和珅的用意是十分明顯的。而在和珅權傾朝野的情況下，曹錫寶無疑得有冒天下之大不韙的膽量和勇氣。

曹錫寶，字鴻書，江南上海人。乾隆初年，以舉人考授內閣中書，充軍機章京。因資深練達，為傅恆所賞識，乾隆二十二年，曹錫寶中進士，點翰林後，又任刑

部郎中等職，並為阿桂重用。此時，紀曉嵐已任都察院長官，十分支持曹錫寶。

然而，此次上疏利害攸關，曹錫寶也輾轉反側，躊躇再三。為了把握起見，他又前去諮詢同鄉好友官居侍郎的吳省欽。豈知，吳省欽是個勢利小人。他見和珅權勢很大，早有投靠之意，正苦於不得營求之機。於是，曹錫寶的奏摺上達後，吳省欽便賣友求榮，命人飛騎馳告正在熱河扈從皇帝的和珅。

和珅得到通報，急令劉全當即拆毀府第，將逾制的車馬、衣物一概收藏轉移。於是，當乾隆詔命王大臣到劉全家查視時，自然是蹤跡皆無。

曹錫寶只好自陳冒昧，卻是滿腹狐疑。但還沒等他弄明白其中的原委，一道道嚴厲的譴責已落到他的頭上。

曹錫寶被召到熱河行宮，乾隆當面詰責他何為此奏？並頒諭旨斥責他。乾隆先是說：和珅平素管束家人甚嚴，向來沒聽說劉全等人敢在外面招搖滋事，接著又說出曹錫寶是徒以空言入人以罪。責令王大臣傳訊曹錫寶逐條指實。「若曹錫寶竟無指實，不過摭拾浮詞，博建白之名」，必當嚴處。

然而，乾隆的申斥並未到此為止，他接著又頒諭旨

要挖出背後的指使人，甚至有將阿桂一派一網打盡之勢，當然，這道諭旨肯定是和珅草擬。諭旨說：「曹錫寶如果見全兒倚寄主勢，有招搖撞騙情勢，何妨指出實據，列款嚴參，乃徒托諸空言。或其意本欲參劾和珅，而又不敢明言，故以家人為由，隱約其詞，旁敲側擊，以為將來波及地步乎？或竟係紀昀因上年海升毆死其妻吳雅氏一案，和珅前往驗出真傷，心懷仇恨，唆令曹錫寶參奏，以為報復之計乎？若不出此，則曹錫寶之奏何由而來？」

曹錫寶經嚴刑逼問，仍不承認背後有人「指使」。但和珅豈能善罷甘休，曹錫寶在萬般無奈之下，承認他奏稱劉全仗勢營私沒有實據，目的是使和珅防微杜漸。

當時和珅正為皇帝所用，欲使和珅防微杜漸，隱然有指責皇帝用人不明之嫌。使沉浸在一片恭維聲中的乾隆，實在覺得過於刺耳。於是乾隆又令軍機大臣、大學士梁國治覆詢。

曹錫寶在皇帝與大臣們的輪番轟炸下，只好再次認罪，承認「防微社漸」之語失當。於是，曹錫寶被革職留任。又自恨為友所賣，不久氣憤而死。而紀曉嵐也被免了都察院長官之職，仍回到禮部做「閒尚書」去了。

御史本有「風聞言事」的權力，職在監察百官，以

肅吏治。曹錫寶不過是就其職能權限，上疏言事，卻因劾奏了乾隆的親信寵臣，遭到接二連三的頒旨譴責。這實在是欲封住眾人之口。

　　這期間紀曉嵐可謂一直擔驚受怕，因為乾隆皇帝已經暗示紀曉嵐可能與此事有關，主辦人員能不千方百計找證據，直至嚴刑逼供嗎？所以他的《又題秋山獨眺圖》就說：

秋山高不極，盤蹬入煙霧。

仄徑莓苔滑，猿猱不敢步。

杖策陟岫岩，披榛尋微路。

直上萬峰巔，振衣獨四顧。

秋風天半來，奮迅號林樹。

俯見豺狼蹲，側聞虎豹怒。

立久心茫然，悄然生恐懼。

置身豈不高？時有蹶跌慮。

徒倚將何依，淒切悲霜露。

微言如可聞，冀與孫登遇。

　　對曹錫寶的品格，紀曉嵐非常感動，對他的遭遇也深表同情。所作《題曹劍亭綠波花霧圖》有句云：「灑落襟懷坎坷身，閒情偶付夢遊春。」是有感於曹錫寶的不幸

遭遇，紀曉嵐也只好如此措辭。

　　紀曉嵐沒有硬出頭，也許有人會說他投機取巧，甚至個人素質有問題，但事實是，在那個時代，多一個因直取怨的紀曉嵐的確於事無補。以巧存身，只能說是在那個時代一個無奈的選擇。

第 9 章

破局

堅忍互用贏取人生大局面

有人以堅毅布局，有人以柔忍布局，二者
能長於其一者已殊爲不易。但就是有這樣一
種人，他能集堅與忍兩個極端於一身，而且
運用自如。祕訣就在於他是以圓取勝，以圓
融通達的氣度把這兩個本不相容的物性捏合
在一起。圓，是布局的頂級智慧，無論風平
浪靜還是滔天巨浪，學會了圓通之道，布什
麼樣的局都駕輕就熟，無往而不利。

9-1 做大事者，敢想敢做還要敢拼

學會「籌謀策劃」，深思自身之不足，勇於夢想、敢於實踐、不畏挑戰、奮力拼搏，這永遠是通往成功的金鑰匙，也是每個人實現逆襲的不二法門。

　　每一部史書，都是由承繼的新王朝臣子奉命修撰的，凡關係到本朝統治者不光彩的地方，自然不能寫，也不敢寫。如宋太祖趙匡胤本是後周的臣子，奉命北征，走到陳橋驛，竟發動政變，篡奪了周的政權。在當時就是「謀逆」，但後人卻多把他黃袍加身，說成是受將士們「擐甲將刃」、「擁迫南行」的結果，並把這次政變解釋成是「知其數而順於人」的正義行為。這與趙匡胤的周密布置有關。所以也有詩云：「千年難斷陳橋案，一著黃袍便罷兵。」

　　西元 959 年 6 月，後周世宗柴榮病逝，其子繼位，

是為恭帝，年僅 7 歲。

周恭帝年幼，宰相范質、王溥等顧命大臣都是讀書文人，在軍界沒有威信，後周政權出現了權力真空。掌握了後周軍權、在軍界具有很高威望的趙匡胤便有了填補權力真空的野心，他決定拋棄周世宗與他君臣之間相知相得的情義，擁軍自立，取代後周政權。周世宗屍骨未寒，趙匡胤便與其弟趙光義、親信幕僚趙普密謀策畫兵變。他們一面做軍事準備，一面指使人在開封散布「點檢為天子」的謠言。一時間京城恐慌混亂，但宮廷內卻一無所知。一場有預謀的兵變開始了。

後周顯德 7 年正月初一（西元 960 年 1 月 31 日），趙匡胤指使邊關謊報軍情，說是契丹與北漢聯合侵犯中原，宰相范質、王溥真假不辨，慌忙派遣趙匡胤率軍出征，北上禦敵。趙匡胤喜出望外，正月初二日，即遣殿前副都點檢慕容延釗領先頭部隊離開京城。正月初三日，趙匡胤自領大軍出開封愛景門，向東北方向進發。

大軍行進的途中，趙普等謀士們便開始遊說煽動。有位殿前司軍校叫苗周訓，他謊稱看見了天上有兩個太陽，黑光激盪，經久不息，並且與同伴到處神神祕祕地散布說：「這是天命啊！」

當大軍到達離開封約 40 里的陳橋驛（今開封市郊陳橋鎮）時，趙匡胤下令停止前進。他在軍帳裡喝了一陣酒，然後佯作酒醉臥床睡覺。當晚，將士們私下議論紛紛：「當今皇上年幼，不能親政，我輩出生入死，為國殺敵，有誰知道？不如先立點檢為天子，然後北征，也為時不晚。」

這時，趙匡胤的親信李處耘聽到議論後，迅即向趙光義、趙普報告。正當趙普等人商議如何把握住局勢之時，將領們蜂擁而來，吵吵嚷嚷地要趙普作主，擁立點檢當皇帝。趙普對將領們說：「立天子是大事，當然要慎重考慮。哪能像你們這樣隨便放肆！」將領們聽了，便停止了吵鬧，都表示願聽趙普的指揮。

趙普還怕其中有詐，便故意說：「點檢忠於皇上，如果讓他知道你們謀逆反叛，一定不會輕饒你們，必然要加以治罪。」眾將領齊聲回答：「我們知道叛逆是要滅九族的，但是，我們大家既有此心，就不會怕死。」

趙普等人見時機成熟，便對他們說：「興王易姓，雖說是天命，其實在於人心所向，現前鋒部隊已過大河，節度使又占據各方。京城再亂，外敵會乘虛而入，四方也會轉而發動叛亂。若你們能嚴令士兵，禁止剽劫，都

城人心穩定，四方也不會叛亂，諸位將領也就可以永保富貴了。」

眾將領都認為有理，分頭去約束士兵去了。趙普等人派人連夜飛騎進入京城開封，密約殿前都指揮使石守信、殿前都虞侯王審琦等，準備裡應外合。一切準備停當。

次日拂曉，趙匡胤還在假睡，所有動靜及策畫他都心中有數，因而只等著這一時刻的到來。不一會兒，趙普、趙光義率諸將至趙匡胤臥室，齊聲嚷道：「諸將無主，請點檢為天子。」趙匡胤來不及答話，一件早已預備好的皇袍便披到了他的身上。眾將領迅速跪拜庭下，高呼萬歲。

就在趙匡胤假意推讓之時，就有人把他扶上馬，簇擁著他南下返回京城。趙匡胤便撕下假面具，勒住繩，在馬上對眾將士說：「你們想追求富貴，立我為天子，但要能真心服從我的命令，保證進京後不要縱兵大掠才行，否則，我就不能做你們的皇帝。」眾將士齊聲跪答：「唯命是聽。」

於是，趙匡胤帶諸將及大軍回開封，從廣和門入城。石守信等人在城門接應趙匡胤。入城後，未遇到後周文

武臣僚抵抗，僅武將韓迪抗拒兵變，被殺。趙匡胤派手
下將領潘美去通知范質、王溥。

　　范、王得知兵變後，後悔莫及，被迫承認趙匡胤代
周自立，並由後周的宰相變成了新政權的宰相。當天，
趙匡胤登位於崇元殿，受臣僚拜賀，降後周恭帝為鄭王，
遷居西京（即今河南洛陽）。正月初五日，趙匡胤頒國號
為宋，改年號為建隆元年。就這樣，趙匡胤僅用一天時
間，兵變成功，就從孤兒寡母手中奪取了政權，實現了
他的政治野心，大宋王朝宣告成立。

　　經過步步為營的深思熟慮，趙匡胤終從平庸之輩蛻
變為一代君王。他在兵變中展現的周密策畫與精細操作，
鑄就了「兵不血刃而建立王朝」的輝煌。這輝煌背後，
蘊含著他的遠見卓識與冷靜理性。

　　對於我們現代人而言，或許無需涉足殘酷的政治漩
渦，但從他的成功軌跡中，我們可汲取智慧。

9-2 穩定局面，先要讓人佩服

俗話說：「一朝天子一朝臣」，而趙匡胤作為新任天子，卻悉數留用舊臣。在當時人心不穩、臣心不服的背景下，無疑是籠絡人心、穩定局面的高招，這一心智的運用，顯然比揮起屠刀的高壓政策要高明得多。

建隆元年（西元 960 年）正月，登基後的趙匡胤「車駕初出」，在城內巡視。隨行的鹵簿（儀仗隊）較為簡略，排在前面的是由禁軍組成的「駕頭」，隨後就是皇帝乘坐的步輦，步輦之後是擎著扇和傘蓋的方隊。方隊後面是公卿百官——他們本來都是後周舊臣，與端坐在步輦之上的「皇帝」乃是比肩多年的同事，而現在卻要對他俯首稱臣，這時的心情是可想而知了。當鑾駕緩緩通過御街、跨上大溪橋時，就聽得「嗖」的一聲，一枝

利箭緊擦著步輦飛了過去，射到了後面的扇上。

衛士大驚，趙匡胤卻顯得十分鎮定。他從步輦中探出身子笑道：「射死我，這皇位亦輪不到你！」這話笑中含刺，不單單是講給刺客聽的，步輦背後的一大批後周舊臣也不能不為所動。同時，此等氣概、此等言語也真不是其他人能說得出的。

趙匡胤的捷足先登，只不過使後周舊臣失去了一次實現野心的機會，卻沒有打消他們的野心。他們有的在等待觀望，希冀再起；有的則「日夜繕甲治兵」，準備與新王朝再來一番角逐。

面對這種局勢，趙匡胤和趙普等人認為應採取以穩定京城、籠絡後周舊臣為主的方針，以靜制動。因為「京城若亂，四方必轉生變」，「都城人心不搖，則四方自然靜謐」。

依據這一方針，趙匡胤對後周舊臣實行了官位依舊、全部錄用的政策。甚至連宰相也仍由舊相范質繼任。當時，范質在聽到陳橋兵變的消息時，曾抓著王溥的手說：「匆忙派趙匡胤出征，我們太糊塗了！」邊說邊用力握，指甲竟戳入王溥的肉中，流出鮮血，足見其恨意之深。

在舉行禪位大典時，范質也是在士兵的「舉」刃脅迫下才帶領後周群臣跪拜的。盡管如此，乾德二年（公元 964 年）2 月，趙匡胤才將其罷為太子太傅，同年 9 月范質病逝。

范質臨死前，告誡兒子不可為他立墓碑，不可向朝廷請求諡號，這說明他一直還有一種留戀舊朝、愧對前君的複雜情緒。但這種情緒既沒有發展成為對新王朝的公開敵視，也沒有導致他與宋王朝的不合作（如辭官歸田），這又不能不歸因於趙匡胤的優待籠絡政策。

為了保證對後周舊臣籠絡和收買的成功，對於那些恃勢欺凌舊臣的新貴們，趙匡胤則毫不留情地嚴加處理。京城巡檢王彥升是當年兵變入城時的先鋒，自恃擁立有功，橫行不法。一天半夜，他以巡檢為名，去敲宰相王溥的門，不僅嚇得王溥「驚悸而出」，還詐了王溥一大筆錢財。趙匡胤得知此事，甚是氣惱，結果王彥升被貶為唐州刺史。

趙匡胤的這些做法，對穩定後周舊臣的情緒、消除他們對新王朝的疑懼，使他們放心地為新王朝服務，發揮了很好的作用。

9-3 讓隱患在萌芽時消散於無形

「杯酒釋兵權」這一策略，乃是古代政治領域中屢見不鮮的智謀之道。其核心在於通過巧妙建立並維繫深厚的互信紐帶，以此來夯實政治領袖在軍隊內部的權威。

趙匡胤「杯酒釋兵權」的做法，與明太祖朱元璋大殺功臣之舉形成鮮明對照：既解除了將權對皇權的威脅，又保留曾經生死與共的君臣情義，何樂而不為？趙匡胤自己以陳橋兵變而代周自立，深知掌握軍權之重要。

他認識到五代王朝頻繁更替，主要是由於「方鎮太重，君弱臣強」。為了使趙宋天下穩定長久，避免出現又一次陳橋兵變，宋太祖下定決心親自掌握軍權，將軍隊收歸皇帝直接領導指揮。

北宋建隆二年（西元 961 年）閏 3 月，宋太祖首先

廢除了掌管精銳部隊禁軍的殿前都點檢這個要害軍職，將殿前都點檢慕容延釗改任為節度使，邁開了皇帝掌握禁軍的第一步。不久，宋太祖又採納趙普對禁軍重要將領「收其精兵」的建議，解除石守信等禁軍軍職。宋太祖解除石守信等人的軍職，沒有採取以武對武、兵戎相見的政策，而是採取喝酒談心的方式實現的，因而史稱「杯酒釋兵權」。

建隆二年 7 月初七日晚，宋太祖留石守信、王審琦等禁軍武將晚宴。飲酒至酣，宋太祖以祕密親切的語氣，對石守信等低聲說：「我能當上天子，全靠你們出了大力，我非常感謝。然而你們哪裡知道，當皇帝也難得很，弄得我天天睡不著。」

石守信等不知是計，急忙問宋太祖還有什麼難處。宋太祖說：「這有什麼不好理解，誰不想當皇帝？你們說，我的皇位能坐穩嗎？」石守信等聽話聽音，嚇出了一身冷汗，趕緊向宋太祖發誓表忠心：「陛下當上皇帝，是天命，我們絕不會有異心。」

宋太祖接著說：「你們確實不會有異心。但是，你們想，誰能保證你們的部屬，不會為了貪圖富貴，將黃袍加在你身上，擁立你當皇帝？」

石守信等人一聽，十分害怕，流著淚對宋太祖說：「我們可沒想到這一層，還望陛下給我們指一條出路。」

宋太祖這才說出了早就想好的，解除他們禁軍職務的辦法：人生在世，無非是貪圖榮華富貴，為子孫造福，我為你們考慮，最好的辦法是放棄軍權，離開京城，到外地去當個閒官，享清福，買田買屋，留給子孫。這樣，你們可以永保富貴，飲酒作樂，以終天年；如此，我與你們之間，也就用不著互相猜疑提防，可以上下相安。

石守信等人聽了宋太祖這番話，知道自己再也不能掌軍權，當面向宋太祖稱謝指點迷津之恩。第二天，武將們都稱病，請求免去禁軍重職。宋太祖立即批准了他們的請求，罷去了原職，改命石守信、高懷德、王審琦、張令鐸、趙彥徽等為節度使，並對他們加以重賞。從此，中央禁軍的兵權，收歸宋太祖直接掌管。

為了「安撫」被釋去兵權的石守信等人，趙匡胤不但向他們賞賜了大量的錢財，而且表示要與他們結為親戚，「約婚以示無間」。不久，太祖寡居在家的妹妹燕國長公主就嫁給了高懷德，女兒延慶公主、昭慶公主則分別下嫁石守信之子和王審琦之子。除年幼夭折的以外，太祖只有一妹三女，她們之中竟有三位下嫁到了被釋去

兵權的禁軍高級將領家，說明這種婚姻是有著強烈的政治色彩的。這不但使石守信等人在一失一得中獲得心理平衡，進而消除了「鳥盡弓藏，兔死狗烹」之類的疑懼，而且作為一種象徵，也表明宋初皇帝與曾經擁立過皇帝的功臣宿將之間的衝突也終於得到了較為圓滿的解決。

中央禁軍的兵權問題解決後，宋太祖又著手解決地方軍隊的兵權問題。他採取相同的辦法，召王彥超等掌軍權的藩鎮入朝宴會。席間，宋太祖對他們說：「你們都是功臣宿將，長期在地方忙於公務，很辛苦勞累，我對你們的照顧關心不周，今後我要讓你們少管事，多享福。」王彥超等心領神會，依照石守信等的做法，對宋太祖說：「我們本來就沒什麼大功勞，全靠陛下提拔重用，如今老了，實在想告老歸鄉。」有的地方武將還在宋太祖面前陳說自己過去戰功，宋太祖不耐煩地說：「那是前朝的事，有什麼可說。」第二天，各重要藩鎮的將領也多被解職。之後，主管地方軍隊的官職，也多由文官來充任。

「杯酒釋兵權」的手法，在戰國紛爭時期與古羅馬帝國盛世均有所施展，且屢試不爽，成效卓著。然而，運用此術亦非毫無風險，唯有審慎權衡其利弊得失，方能最大限度地發揮其效用。

9-4 既要放權，又要懂得控權

絕對地看待問題是管理工作的大忌，就授權來說，把權力下放給下屬，切不可做「甩手掌櫃」，不管你對下屬多麼信任，在一些關鍵問題上該過問的一定要過問。

許多管理者常常會將信任與放任混為一談。放任員工的後果是：不但把放權的成績沖得一乾二淨，還會殃及整個企業。身為管理者不可不防！

宋太祖趙匡胤為了鞏固統治，使趙宋王朝能夠長治久安，採取了一系列加強專制主義中央集權的措施。

在古代，如果說能有對專制皇權發揮一點制約作用的，那就是「一人之下，萬人之上」的宰相，趙匡胤分化相權，降低宰相地位，更加突出皇權的高高在上。同時，對地方官吏的差遣，互相牽制，使他們無法在地方

形成小勢力。這樣一來，上下相制，機構重疊的官僚體制形成了。條條勢力管道通向皇宮，國家大權集於皇帝一身。從宋太祖開始，封建皇權走到了絕對化的一端。

唐末五代以來，擁有重兵的藩鎮，往往兼領數州，不但操縱地方軍事，也控制著地方的政權、財權。藩鎮在財政來源、稅收制度方面，自成一個不受中央管束的體制。即藩鎮不但控制了國賦主要來源——兩稅（在農村徵收的夏、秋二稅），並通過徵收過境商稅和自營貿易，為它們軍事上的專橫跋扈提供了雄厚的物質基礎。相反，中央財政則因州縣上供財物日見減弱而虛竭。這就構成了「君弱臣強」的現象。

宋太祖把改革軍事機構的原則和經驗，應用到改革政治經濟制度上來。自建隆 2 年（西元 961 年）開始，宋太祖陸續採取了果斷而有成效的收回財權的措施：

首先，由中央直接派京官主持地方稅收，不許藩鎮親吏插手。路設轉運使，州委通判，管領諸州縣財政。酒坊、鹽場等國家專利單位，增設場務監官。以上官員均由中央直接差遣。

其次，明令地方財賦收入，除本地行政開支經費所需之外，其餘全部輸送京師，州縣「不得占留」。

再次，限制州府官員私自販賣牟利活動。

從此，地方財權收歸中央。為了減少地方節鎮的阻力，收回地方財權，宋太祖付出了一定的代價。他沒有通過行政強迫的手段，而是採取像收兵權時那樣盡量滿足將帥物質需要的辦法，即通過朝廷發「公使錢」給節鎮大吏，供他們私人揮霍，以緩解衝突。

在行政方面，為了加強皇權，扭轉權力多中心的狀況，宋太祖對中央和地方官僚體制採取了一些改革和臨時權變的措施。

首先是降低宰相威望，分割和制約宰相權力，宰相原來所占的重要部門或實權，被朝廷新任命的官吏所頂替，實際上是一種巧妙的剝奪後周舊臣實權的策略，只是保持了他們原來所享受的待遇，不使他們感到「震動」而已。差遣，或者三年一任，或者二年一任，具有臨時性質。由於名義不正，在位不久，做官的人不安其位，缺乏長遠的打算，從而防止了官員所到之處生根盤踞的可能。

至於地方州郡長官，統統由文臣擔任，不許武臣插手，長官之外另設「通判」（州副長官、有監督長官之權），使其互相牽制。

權力的收與放是一對矛盾體，收之過緊則扼殺創造性，放之過鬆則會造成局面的失控。管理者不僅要懂得放鬆，還要懂得怎樣去做、放到何種程度。

　　高明的授權法，是既要下放一定的權力給員工，又不能給他們不受重視的感覺；既要檢查督促員工的工作，又不能使員工感到有名無權。若想成為一名優秀的領袖，就必須深諳此道。

布局九略
你永遠玩不過一個讀通布局九略的人
無局不可布，無局不能成，九大方略讓你布局致勝

作者／東籬子
文字編輯／黃冠升
美術編輯／達觀製書坊
企畫選書人／賈俊國

總 編 輯／賈俊國
副總編輯／蘇士尹
行銷企畫／張莉滎　蕭羽猜　黃欣

發 行 人／何飛鵬
法律顧問／元禾法律事務所王子文律師
出　　版／布克文化出版事業部
　　　　　115 台北市南港區昆陽街 16 號 4 樓
　　　　　電話：(02)2500-7008　傳真：(02)2500-7579
　　　　　Email：sbooker.service@cite.com.tw
發　　行／英屬蓋曼群島商家庭傳媒股份有限公司城邦分公司
　　　　　115 台北市南港區昆陽街 16 號 8 樓
　　　　　書虫客服服務專線：(02)2500-7718；2500-7719
　　　　　24 小時傳真專線：(02)2500-1990；2500-1991
　　　　　劃撥帳號：19863813；戶名：書虫股份有限公司
　　　　　讀者服務信箱：service@readingclub.com.tw
香港發行所／城邦（香港）出版集團有限公司
　　　　　香港九龍土瓜灣土瓜灣道 86 號順聯工業大廈 6 樓 A 室
　　　　　電話：+852-2508-6231　　傳真：+852-2578-9337
　　　　　Email：hkcite@biznetvigator.com
馬新發行所／城邦（馬新）出版集團 Cité (M) Sdn. Bhd.
　　　　　41, Jalan Radin Anum, Bandar Baru Sri Petaling,
　　　　　57000 Kuala Lumpur, Malaysia
　　　　　電話：+603- 9056-3833　　傳真：+603- 9057-6622
　　　　　Email：services@cite.my
印　　刷／韋懋實業有限公司
初　　版／2025 年 2 月
定　　價／380 元
I S B N／978-626-7518-90-8
E I S B N／978-626-7518-96-0（EPUB）

城邦讀書花園　布克文化
www.cite.com.tw　www.sbooker.com.tw